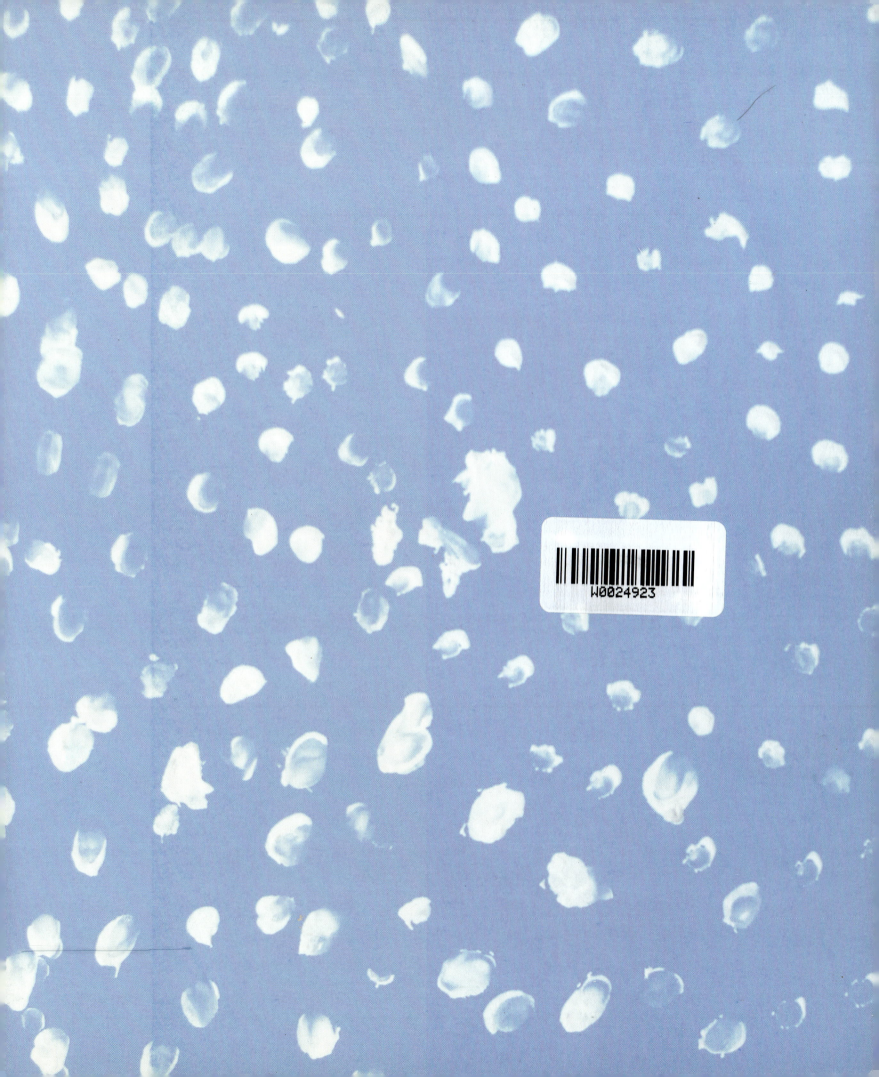

Das Lächeln eines Kindes erhellt selbst den dunkelsten Wintertag

Ella Dumont

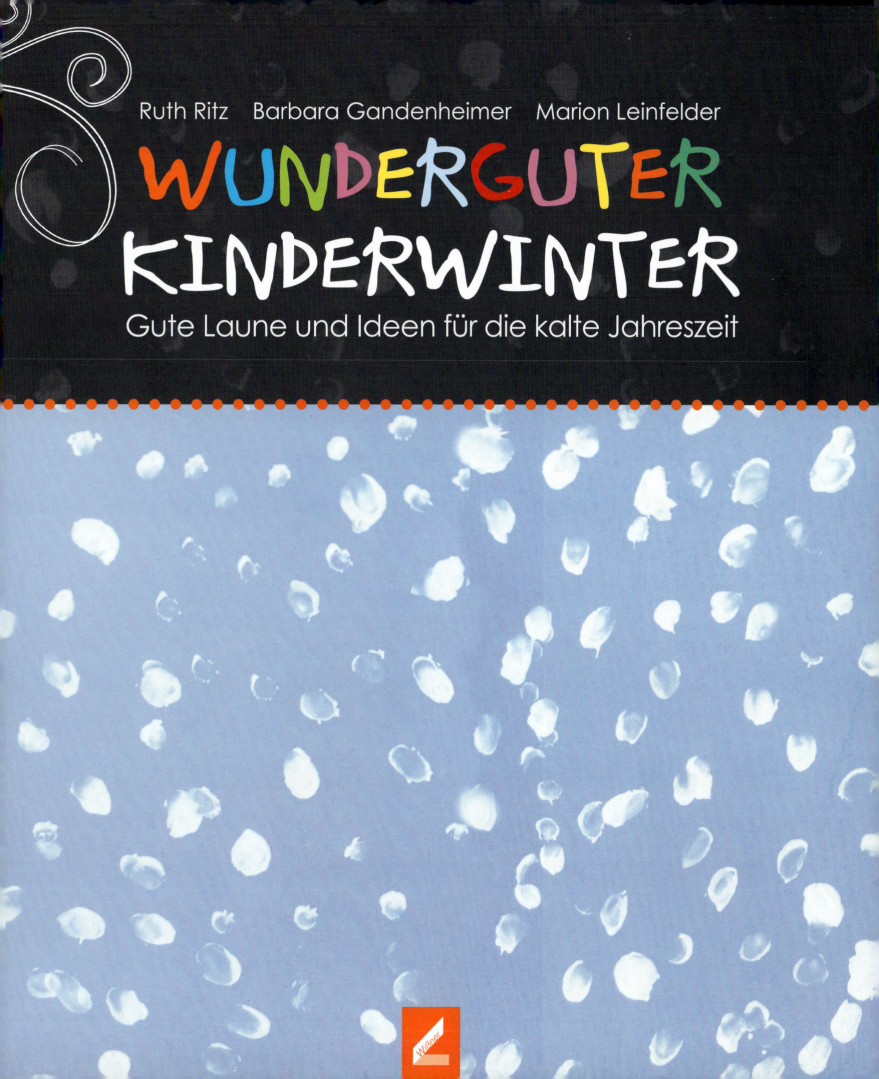

Inhalt

Vorwort .... Seite 7

1. Saugute Wünsche .... Seite 8
2. Schneeflöckchen .... Seite 12
3. Königstreffen .... Seite 20
4. Weg damit! .... Seite 28
5. Vorsicht Glatteis! .... Seite 34
6. Winterlichter .... Seite 44
7. Verzaubert .... Seite 52
8. Endlich Schnee! .... Seite 60
9. Schöner futtern .... Seite 66
10. Schneefrau Schneemann .... Seite 74
11. Mahlzeit, Kinder! .... Seite 80
12. Die Farbküche .... Seite 86
13. Alte Schachteln .... Seite 98
14. Wir machen Musik! .... Seite 106
15. Winterwald .... Seite 114
16. Hereinspaziert, hereinspaziert … .... Seite 120
17. Spitzen Törtchen und Tortenspitzen .... Seite 126
18. Rollen spielen .... Seite 136
19. Valentin .... Seite 142
20. Bunte Perlen .... Seite 150
21. Märchenstunde .... Seite 158
22. Buntes Treiben .... Seite 164
23. Gassi gehen .... Seite 172
24. Sauwetter! .... Seite 180

Rezepte .... Seite 186
Anleitungen .... Seite 186
Spiele .... Seite 187
Gedichte, Geschichten, Lieder .... Seite 189

Das kleine Wörtchen „wundergut" erschuf Carla im Alter von 4 Jahren.
Kein anderer Ausdruck könnte treffender die helle Begeisterung über etwas Wunderbares
und zugleich Gutes beschreiben.

Unter einem „wunderguten Kinderwinter" stellen wir uns weiße, glitzernde Wintertage vor,
mit allen Winterfreuden, die Kinder glücklich machen.
Glänzende Augen und Jubel, wenn die ersten Schneeflocken vom
Himmel tanzen. Staunen und Bewunderung, wenn der Schnee langsam die
Erde weiß bedeckt. Zäune, Dächer und Natur werden mit pudrigen
Häubchen in eine zauberhafte Märchenlandschaft verwandelt.
Welch ein Wunder! Wenn dann noch die Sonne die Welt in ein Meer aus strahlenden
Edelsteinen verwandelt, gilt es, den Traum zu spüren!
Im Schnee toben, Schneemänner bauen, Schneeballschlachten bestehen,
auf zugefrorenen Seen schlittern und juchzend den Berg hinunterrodeln.
Unvergeßliches, kostbares Winterglück!

Nur das sind Verheißungen, die ein Winter nicht immer bietet.
Er beschert uns oftmals auch Schnee-Regen, Matsch-Wetter, klamme Kälte,
graue und trübe Tage. Die Erwachsenen frieren und jammern.

Aber wir haben eine wundergute Entdeckung gemacht!
Wetter hin oder her, die Kinder in unserem Buch zeigen mit ihrer Fantasie und ihrem
Optimismus, wie sich jeder Wintertag fröhlich und bunt gestalten lässt.

Dafür danken wir Euch!
So entstand dieses Buch, in dem wir nun die gesammelten Ideen,
Anregungen und Anleitungen an andere Kinder und Erwachsene weitergeben wollen.
Denn es gibt ihn doch: den eigenen, selbstgeschaffenen

„wunderguten Kinderwinter".

Saugute Wünsche...

fürs neue Jahr mit dem Glücksferkel und den Glückskästen

Anleitung für das Glücksferkel

Das Ferkel basteln wir nach der Anleitung für die Papplumpis auf Seite 177. Allerdings achten wir darauf, dass die Ohren spitzer werden, die Schnautze platter wird und der Schwanz seine wundersüße Ringelform erhält.

Material für Glückskästen

Leere Obstkiste (Mandarinenkiste)
Acrylfarbe oder Lack
Bänder
Moos (Gärtnerei)
Glücksbringer aller Art wie Schweine, Fliegenpilze, Kleeblätter, Kaminkehrer ...
Heißkleber

Selbst hergestellte Marzipanferkel

Zutaten

300 g abgezogene Mandeln
300 g gesiebter Puderzucker
3 El Rosenwasser (Apotheke)
4 Tropfen Bittermandelöl
Lebensmittelfarbe

Zubereitung von Marzipan

Die Mandeln im Mixer fein zerkleinern. Puderzucker, Rosenwasser, Bittermandelöl und die gemahlenen Mandeln zu einer glatten Masse kneten. Dann die Rohmarzipanmasse mit Lebensmittelfarbe einfärben und zu einem Ferkel formen. Sollte die Masse zu feucht sein, noch etwas Puderzucker untermischen.

Anleitung für Glückskästen

Wir bestreichen die leeren Mandarinenkisten mit rosa Acrylfarbe. Nach dem Trocknen befestigen wir die rosafarbene Zackenlitze (Band) so an dem Kasten, dass er gerade hängt. Das Moos kleben wir mit dem Heißkleber auf den Boden und bestücken die Kiste mit allem, was uns „zum Glück" einfällt. Nun beschenken wir einen lieben Menschen mit unserem Glückskästchen oder hängen es auf, als Dekoration für unser Silvesterfest.

Schneeflöckchen

Schneeflöckchen, vom Himmel
da kommst du geschneit,
du warst in der Wolke,
dein Weg ist gar weit.
Ach setz dich ans Fenster,
du niedlicher Stern,
gibst Blätter und Blumen,
wir haben dich gern!

Schneeflöcken, ach decke
die Saaten geschwind.
Sie frieren, du wärmst sie,
so bittet das Kind.
Schneeflöckchen, Weißröckchen
so kommet doch all',
dann wird bald ein Schneemann,
dann werf' ich den Ball.

Originaltext von Hedwig Haberkern

Selbst gemachte Fingerfarben

Zutaten

1 Tasse gehackte Kernseife
2 Tassen Maisstärke
½ ℓ Wasser
Lebensmittelfarben

Anleitung für die Fingerfarben

Seife, Maisstärke und Wasser kurz aufkochen, dann 5 Minuten ziehen lassen. Die Fingerfarben in Gefäße füllen und mit Lebensmittelfarbe mischen. Abkühlen lassen und loslegen!

Leider wollen heuer so gar keine Schneeflöckchen vom Himmel fallen und an meinem Fenster vorbeischweben. Viel heller und fröhlicher würde alles aussehen. Dann male ich mir eben viele weiße, tanzende Flocken an die Scheibe.
Ich ziehe den Malerkittel an und hole mir die selbst gemachte weiße Fingerfarbe. Mama hat nichts dagegen, denn sie weiß, dass sich die Farbe problemlos mit einem Schaber vom Glas entfernen lässt.
Wie eine Schneekönigin zaubere ich die Schneeflocken an mein Fenster, das mich nun an ein großes Schüttelglas erinnert.

Schneeköniginnen lieben Schneegestöber

Sie ziehen mit den Flocken über das Land und verzaubern alles mit ihren glitzernden Kristallen. So fangen wir uns unsere eigenen kleinen Schneeköniginnen im Glas ein.

Material

Knete in verschiedenen Farben
Glas mit Schraubdeckel
Zahnstocher
1 Korken
wasserfester Kleber
Goldfolie (z. B. von einer Praline)
destilliertes Wasser
Spülmittel
Traumkugelschnee (Bastelgeschäft)

Anleitung für die Schneeköniginnen im Schüttelglas

Den Zahnstocher in den Korken stecken. Dann den Korken auf der Innenseite des Schraubverschlusses eines Glases mit wasserfestem Klebstoff kleben. Die Knete über den Korken stülpen, verstreichen und am Deckel fest drücken.

Den Kopf formen und über den Zahnstocher auf den Körper drücken. Anschließend Arme, Gesicht und Haare der Schneekönigin gestalten.

Das Krönchen gestaltet man am bestenmit einem kleinem Abschnitt Goldfolie. In der Zwischenzeit wird das Glas mit destilliertem Wasser, einem Tropfen Spülmittel und dem Traumkugelschnee gefüllt.

Zum Schluss die Verschlussrillen am Deckel und am Glas mit wasserfestem Kleber bestreichen. Den Deckel mit der Schneekönigin kopfüber auf das Glas schrauben. Wenn der Klebstoff getrocknet ist, kann man das Glas wenden und die Flocken um die Schneekönigin wirbeln lassen.

Frau Holle

Hoch über unsern Köpfen sitzt Frau Holle
und sinnt, ob sie die Betten schütteln solle,
ob heute schon, ob morgen oder wann?
O mach dir keine Sorgen, Frau, fang an!
Du bist doch alt genug und hast's erfahren
im letzten Jahr und schon vor tausend Jahren,
daß alle Kinder jubeln, weil sie's lieben,
wenn hunderttausend weiße Flocken stieben.

Josef Guggenmos

Nicht nur die Schneekönigin, auch Frau Holle ist für die geliebten weißen Flocken zuständig. Aber leider hat sie die Betten noch nicht fest genug geschüttelt, denn es hat immer noch nicht geschneit. So können wir uns nicht im Schnee vergnügen und austoben. Stattdessen bleiben wir zu Hause, lesen das Märchen von der guten Frau Holle und freuen uns mit der Goldmarie über den reichhaltigen Goldregen. Dabei haben wir die Idee für ein weiteres Schüttelglas.

Material

Knete in verschiedenen Farben
Glas mit Schraubdeckel
Zahnstocher, 1 Korken
wasserfester Kleber, Goldfolie
destilliertes Wasser, Spülmittel
Goldglimmer

Anleitung für die Goldmarie im Schüttelglas

Die Goldmarie basteln wir nach der Anleitung für die Schneeköniginnen auf Seite 17.

Mir ist so „wangweilig"! Draußen ist es nass und kalt, aber Mama zieht mich warm an und steckt mich in den Garten zum Luft holen. Dort halte ich ungeduldig nach den Drei Königen Ausschau! Ich glaube, da kommen sie schon.
Die gehen wohl auch bei jedem Wetter raus!

Der Bratapfel

Kinder, kommt und ratet,
was im Ofen bratet!
Hört, wie's knallt und zischt.
Bald wird er aufgetischt,
der Zipfel, der Zapfel,
der Kipfel, der Kapfel,
der gelbrote Apfel.

Kinder, lauft schneller,
holt einen Teller,
holt eine Gabel!
Sperrt auf den Schnabel
für den Zipfel, den Zapfel,
den Kipfel, den Kapfel,
den goldbraunen Apfel!

Sie pusten und prusten,
sie gucken und schlucken,
sie schnalzen und schmecken,
sie lecken und schlecken
den Zipfel, den Zapfel,
den Kipfel, den Kapfel,
den knusprigen Apfel.

Volksgut

Gefüllte Bratäpfel

Zutaten für 4 Kinder

4 Äpfel
125 g weiche Butter
75 g gemahlene Haselnüsse
1 Päck. Vanillezucker
1 El Kakao
Honig, etwas Sahne

Zubereitung

Die Butter in einer Schüssel schaumig rühren. Nach und nach alle Zutaten, bis auf die Sahne hinzufügen und vermischen. Jetzt die Sahne zugeben, bis die Masse cremig wird. Backofen auf 200° stellen, Äpfel schälen und das Kernhaus herausstechen. Die Creme in die Apfellöcher füllen und die Äpfel in eine Auflaufform nebeneinander setzen. Noch ein kleines Stück Butter dazulegen.
Nach 30 bis 40 Minuten sind die Bratäpfel fertig.

Schnee ...

kann ich nicht riechen, aber trotzdem steigt mir ein herrlicher Duft in die kalte Nase. Ich glaube, es riecht nach einer meiner Leibspeisen. Gefüllte Bratäpfel!

Kurz nach den Heiligen Drei Königen sind meine Freunde gekommen. Ich erzähle ihnen von dem Besuch und Mama fragt, ob wir auch Könige sein wollen und Kronen basteln möchten. Zum Glück hat sie die passenden Papiere im Bastelschrank und wir können gleich loslegen.

Material

gelber Zeichenkarton
selbstklebende Glanzfolien und Dekosteine
Schere, Bleistift

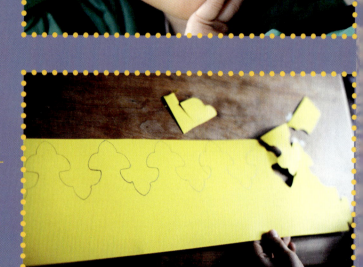

Anleitung für Papierkronen

Das Kronenmuster zeichnen die Erwachsenen mit Bleistift auf gelben Zeichenkarton vor. Für uns „Kleine" ist ein Zick-Zack-Muster einfacher auszuschneiden.

Mit selbstklebenden Glanzpapierstückchen verzieren wir die ausgeschnittenen Kronen. Schön glitzrig sind Hologrammfolien. Wer selbstklebende Dekosteine hat, kann auch diese aufkleben.

An den Enden jeweils ein Loch stanzen, die Löcher mit einem Gummiband verbinden und die Krone der Kopfgröße anpassen.

Auch Könige müssen belohnt werden.

Daher gibt es warme Schokolade mit Schlagsahne in königlich goldenen Tassen, wie es sich für richtige Hoheiten gehört.
Und wer keine goldenen Tassen hat, nimmt seine Lieblingstasse aus Mamas oder Omas Geschirrschrank.

Übrigens
Das Rezept für die Trinkschokolade bereitet Mama nach dem Rezept auf Seite 175 zu.

Als königliche Hoheiten leben wir selbstverständlich auch in vornehmen Häusern, Burgen oder sogar Schlössern. Die malen wir nun mit Wasserfarben auf weißen Karton. Unser Prinzessinnen-Heim könnte so aussehen wie auf dieser Seite. Die anderen malen sich orientalische Häuser aus 1001 Nacht. Unser Heiligedreikönigstag geht nun langsam zu Ende. Im Bett hören wir noch die Geschichte von Caspar, Melchior und Balthasar, den Heiligen Drei Königen.

Übrigens

Wenn die heiligen drei Könige am 6. Januar von Haus zu Haus ziehen, schreiben sie mit gesegneter Kreide die drei Buchstaben C M B, sowie die Jahreszahl an die Türen.
Die Buchstaben stehen für den Wunsch „Christus mansionem benedicat". Das ist Latein und bedeutet „Christus segne dieses Haus".

20 C M B 09

Froh zu sein bedarf es wenig
und wer froh ist, ist ein König!

Weg damit!

Weg damit ... von wegen!!!

Diese Bäume landen nicht im Müllauto! Die können wir richtig gut gebrauchen. Morgen wollen wir ein großes Lagerfeuer im Garten veranstalten. Dafür brauchen wir ganz viel Holz, das in den Tagen nach Heilig Drei König „haufenweise" auf der Straße liegt. Sehr zur Freude von Papa, weil wir nicht auf sein Ofenholz zurückgreifen müssen. Immerhin spendiert er uns ab und zu ein paar Scheite, aus denen wir lustige, geheimnisvolle oder verrückte Waldgeister für Haus und Garten erschaffen.

Material

Holzscheite, Zapfen, Äste, Rinde, Federn ...
Holzleim, Nägel, Schnur, Heißkleber, Acryl- oder Wasserfarbe

Anleitung für Waldgeister

In vielen Holzscheiten sehen wir lustige Gesichter, Fantasietiere oder kauzige Gestalten. Mit unterschiedlichsten Naturmaterialien, die wir an das Holz kleben, binden oder nageln, erwecken wir diese mit unserer Fantasie zum Leben. Mit etwas Farbe werden die Waldgeister noch lebendiger. Bleiben sie im Haus, genügen Finger- oder Wasserfarben. Bewachen sie den Garten, verwenden wir Acrylfarbe.

Das Weihnachtsbäumlein

Es war einmal ein Tännelein,
mit braunen Kuchenherzelein
und Glitzergold und Äpflein fein
und vielen bunten Kerzlein:
Das war am Weihnachtsfest so grün,
als fing es eben an zu blühn.

Doch nach nicht gar zu langer Zeit,
da stand's im Garten unten,
und seine ganze Herrlichkeit
war, ach, dahingeschwunden.
Die grünen Nadeln war'n verdorrt,
die Herzlein und die Kerzlein fort.

Bis eines Tags der Gärtner kam,
den fror zu Haus im Dunkeln,
und es in seinen Ofen nahm –
hei! tat's da sprühn und funkeln!
Und flammte heim- und himmelwärts
in hundert Flämmlein an Gottes Herz!

Christian Morgenstern

Unser Feuerfest

Zwei Feuertöpfe, in denen die Bäume verbrannt werden sollen, stehen schon bereit. Zum Essen wird es „Hot Stock" und Folienkartoffeln geben. „Hot Stock" ist unsere eigene Erfindung, eine Mischung aus Hotdog und Stockbrot. Dafür brauchen wir Äste (wir nehmen Buchenäste aus dem Garten), deren Rinde wir mit dem Taschenmesser abschaben.
Als Getränk bereiten wir einen warmen Fruchtpunsch vor.

"Hot Stock"

Zutaten
Wiener Würstchen
tiefgekühlter Blätterteig
Äste

Zubereitung
Auf die angespitzen Äste spießen wir Wiener Würstchen auf. Diese umwickeln wir mit tiefgefrorenen Blätterteigstreifen. Den „Hot Stock" müssen wir nur kurz in das Feuer halten (ca. 1–2 Minuten/bis der Teig goldbraun ist), denn der Blätterteig ist schneller fertig, als der übliche Stockbrotteig.

Fruchtpunsch

Zutaten
1 ℓ Apfel-, Johannisbeer- oder Kirschsaft, ½ ℓ schwarzer Tee
Schale und Saft einer unbehandelten Zitrone
Saft von 4 Apfelsinen, Honig zum Süßen nach Belieben

Zubereitung
Tee zubereiten und höchstens 5 Minuten ziehen lassen. Fruchtsaft, Zitronenschale und Honig dazugeben. Alles gut umrühren und erhitzen. Nicht kochen! Die Zitronenschale herausnehmen und den Fruchtpunsch heiß servieren!

Hinweis
Bitte bei der örtlichen Behörde erkundigen, ob es überhaupt erlaubt ist, ein Feuer im Freien zu machen.

Das Lagerfeuer ist genau der richtige Platz, um sich Geschichten zu erzählen. Wenn wir in die Flammen schauen, fällt uns das Märchen vom Rumpelstilzchen ein. Das kleine, sonderbare Männchen, das um das Feuer tanzt und der Königin ihr Kind wegnehmen will. Es fasziniert und ärgert uns zugleich.
Um ihr Kind zu retten, muss die Königin Rumpelstilzchens Namen erraten. Sie fragt: Heißt du vielleicht

Rippenbiest   oder

Hammelswade   oder

Schnürbein   oder … oder …oder

Zusammen finden wir noch viele andere lustige und komische Namen.

Heute back' ich,
morgen brau' ich,
übermorgen hole ich
der Königin ihr Kind.

Wenn's Winter wird

Der See hat eine Haut bekommen,
so dass man fast drauf gehen kann,
und kommt ein großer Fisch geschwommen,
so stößt er mit der Nase an.

Und nimmst du einen Kieselstein
und wirfst ihn drauf, so macht es klirr
und titsch-titsch-titsch-dirrrrrr.
Heißa, du lustiger Kieselstein!
Er zwitschert wie ein Vögelein
und tut als wie ein Schwälblein fliegen –
doch endlich bleibt mein Kieselstein
ganz weit, ganz weit auf dem See draußen liegen.

Da kommen die Fische haufenweis
und schaun durch das klare Fenster von Eis
und denken, der Stein war etwas zum Essen;
doch so sehr sie die Nase ans Eis auch pressen,
das Eis ist zu dick, das Eis ist zu alt,
sie machen sich nur die Nasen kalt.

Aber bald, bald, bald
werden wir selbst auf eignen Sohlen
hinausgehn können und den Stein wiederholen.

Christian Morgenstern

Die Enten laufen Schlittschuh

Die Enten laufen Schlittschuh
auf ihrem kleinen Teich.
Wo haben sie denn die Schlittschuh her,
sie sind doch gar nicht reich?

Wo haben sie denn die Schlittschuh her?
Woher? Vom Schlittschuhschmied!
Der hat sie ihnen geschenkt, weißt du,
für ein Entenschnatterlied.

Christian Morgenstern

Eislaufspiele

Becherwettlauf

Zuerst spielen wir Eishockey auf dem zugefrorenen See. Aber schon bald verlieren einige die Lust und holen die mitgebrachten Plastikbecher auf das Eis. Wir bilden zwei Mannschaften und jedes Team bekommt vier Becher. Diese stellen wir wie bei einem Parallelslalom auf und los geht der Wettkampf.

Haie und Fische

Dann spielen wir Haie und Fische. Es gibt zwei Haie, das sind die Fänger. Die anderen Kinder sind die Fische und müssen von den Haien gefangen werden. Wird ein Fisch gefangen, muss er solange breitbeinig stehen bleiben, bis ein freier Fisch zwischen seinen Beinen hindurchfährt – dann ist er wieder frei. Sind alle Fische gefangen, haben die Haie gewonnen.

Eistanz

Wir bilden Paare, die versuchen sollen, so schön wie möglich zu tanzen. Vorher wird ein Kind als Schiedsrichter ausgewählt, das nun die schwere Aufgabe hat, das beste Tanzpaar zu ernennen. Genausogut kann man das beste Paar wählen, das sich möglichst komisch, roboterhaft, ulkig, ernst, steif ... bewegen kann.

Nicht jedes Kind besitzt einen Eishockeyschläger. Macht nichts. Im Wald liegen genug dicke Äste, die sich auch als Schläger eignen. Wir haben zum Beispiel dieses tolle Exemplar gefunden!

Mit heißem Zitronentee und Keksen machen wir eine kurze Pause. Aber gleich geht's weiter, denn die Sonne wird bald untergehen. Die Tage im Januar sind einfach so schrecklich kurz.

Wenn wir vom Schlittschuhlaufen heimkommen, sind wir müde und hungrig. Mama hat Kinderpunsch und Butterbrote vorbereitet.

Kinderpunsch

Zutaten für 8 Kinder

1 l Apfelsaft
1 l Traubensaft
200 ml Orangensaft
1 Beutel Glühweingewürz

Zubereitung von Kinderpunsch

Apfelsaft, Traubensaft und Orangensaft in einem Topf erhitzen und den Beutel mit dem Glühweingewürz hinzufügen. Ungefähr 10 Minuten ziehen lassen – fertig!

Monsterbrote

Zutaten

Vollkornbrot- oder Graubrotscheiben
Butter, Frischkäse oder Quark
Radieschen, Gurke
Karotten, Paprika
Schnittlauch

Zubereitung von Monsterbroten

Butterbrote streichen können wir auch, aber schön, dass Mama sie für uns hergerichtet hat. „Belegen tun wir sie aber selber!"
Mit Radieschenscheiben, Gurkenscheiben, Karottenstiftchen, Paprikaschnitzen, geschnittenem Schnittlauch ... gestalten wir Monsterbrote, Witzscheiben, Wichtelschnittchen ... Anstatt der Butter schmeckt uns auch Frischkäse oder würziger Quark.

Zum Abschluss unseres Eislaufnachmittags gibt es wundergutes **Eiskonfekt** Lecker-schmecker!

Am nächsten Tag müssen wir unsere Schlittschuhe hängen lassen. Es hat nämlich getaut. Stattdessen vertreiben wir uns die Zeit mit dem Basteln von bunten Papierschlittschuhen. Zum Glück haben wir genug Zeit, denn die brauchen wir dafür.

Wundergute Papierschlittschuhe

Material

weißer Karton, bunte Papiere, Seidenpapier
Knöpfe, Paketschnur, Bänder
Papierkleber, Schere, Bleistift

Anleitung für Papierschlittschuhe

Schablonenteile vom Buch 3-fach vergrößern. Selbst aufgezeichnete Stiefel und Kufen können natürlich ebenso vergrößert, auf Karton gezeichnet und ausgeschnitten werden. Schlittschuh und Kufe getrennt zeichnen und ausschneiden. Dann mit unterschiedlichsten Papieren und Schnickschnack bekleben und verzieren. Zum Schluss die Kufe an den Schuh kleben. Fertig!

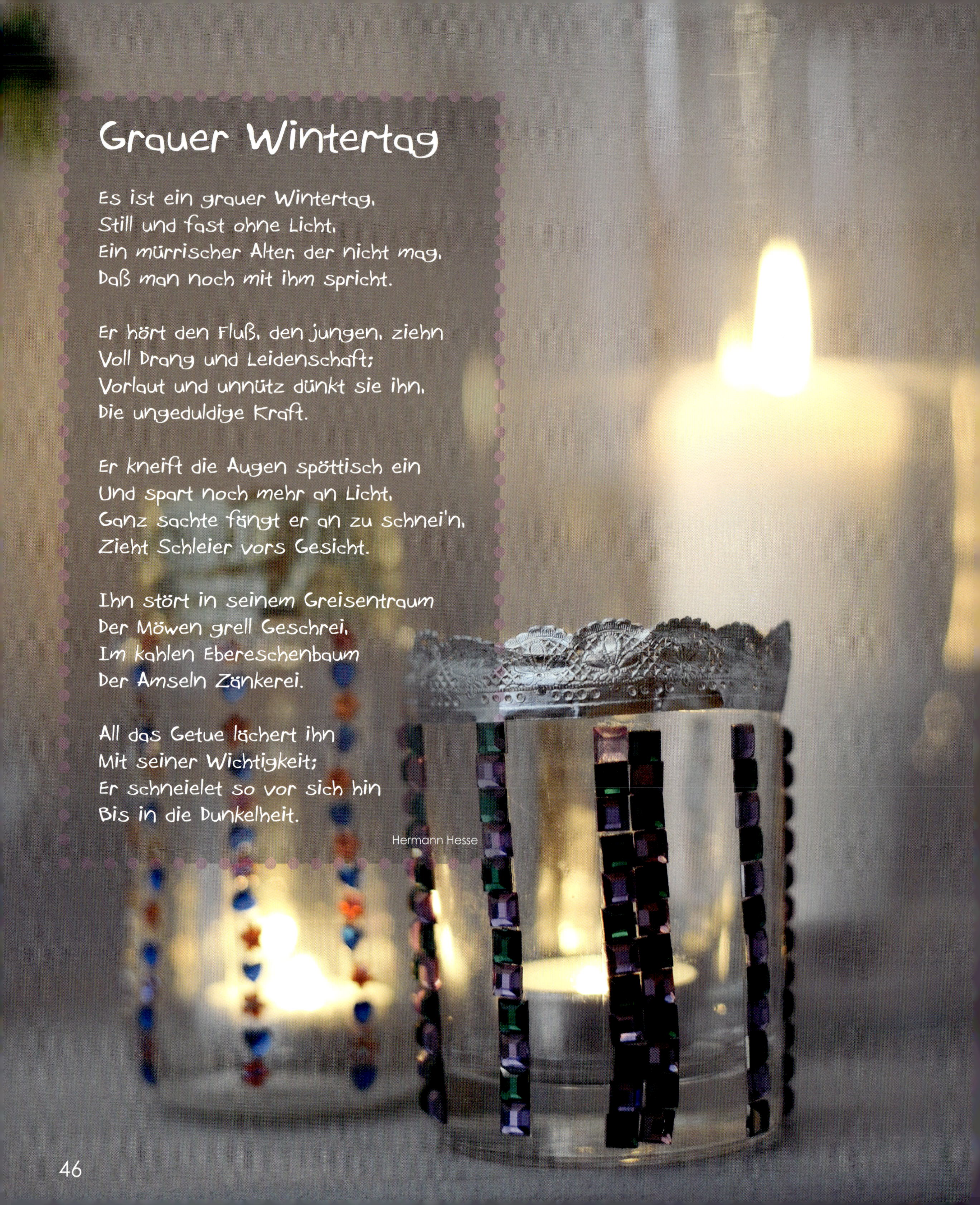

Grauer Wintertag

Es ist ein grauer Wintertag,
Still und fast ohne Licht.
Ein mürrischer Alter, der nicht mag,
Daß man noch mit ihm spricht.

Er hört den Fluß, den jungen, ziehn
Voll Drang und Leidenschaft;
Vorlaut und unnütz dünkt sie ihn,
Die ungeduldige Kraft.

Er kneift die Augen spöttisch ein
Und spart noch mehr an Licht.
Ganz sachte fängt er an zu schnei'n,
Zieht Schleier vors Gesicht.

Ihn stört in seinem Greisentraum
Der Möwen grell Geschrei,
Im kahlen Ebereschenbaum
Der Amseln Zänkerei.

All das Getue lächert ihn
Mit seiner Wichtigkeit;
Er schneielet so vor sich hin
Bis in die Dunkelheit.

Hermann Hesse

Leuchtende Gläser

Material

Marmeladengläser
doppelseitiges, durchsichtiges
Klebeband 5 mm
Glitzersteine, Glitter oder Perlen
Zierbänder
Teelicht

Anleitung für Kerzengläser

Leere Marmeladengläser mit doppelseitigen Klebestreifen bekleben. Dann Pailletten, Glitter oder Perlen nach Lust und Laune auf die Streifen aufkleben bzw. aufstreuen.
Den Rand des Glases mit einer Schleife, einer Perlenkette oder einem Silber- bzw. Goldband verzieren und ...
... fertig ist wieder ein wundergutes Windlicht.

Oder...

Ein leeres Glas mit Kleister einstreichen. Verschiedenfarbiges Transparentpapier in kleine Stücke schneiden oder reißen und aufkleben.
So gelingt auch den Kleinsten ein fröhliches Winterlicht für die dunkle Jahreszeit.

Material / Anleitung für bunte Kerzenhalter

Weiße Stabkerzen mit kleinen Wachsplättchen in Teelichtgläsern befestigen. Die Gläser mit kunterbunten Glasperlen (Bastelbedarf oder Perlenladen) auffüllen und fertig sind die nächsten Winterlichter.

Noch mehr Winterlichter...

Material

leere Blechdosen, Wachsgranulat, lange, gewachste Dochte oder Runddocht am Stück, Stäbe zum Fixieren der Dochte, Schleifen

Anleitung für Kerzen in Dosen

Leere Blechdosen aus der Küche können wir immer gut gebrauchen. Wir finden viele bedruckte Dosen schön, bei den anderen entfernen wir das Papier. Währenddessen löst Mama Wachsgranulat im Wasserbad auf. In die Dosen kleben wir einen entsprechend langen Docht. Will dieser nicht gerade stehen bleiben, wickeln wir ihn um einen Stab (Stift, Pinsel, ...), den wir auf die Dose legen. Nun kommt Mama mit dem geschmolzenen Wachs und gießt die warme Flüssigkeit vorsichtig in die Blechdosen. Das Wachs austrocknen lassen und die Dose eventuell noch mit einer Schleife schmücken.

Material

Kerzenreste, Ausstechformen, Nadel,
gewachste Dochte mit Metallplättchen

Anleitung für kleine Formkerzen

Bei dieser Art von Kerzenherstellung können wir jede Art von Kerzenresten verwenden.
Da wir diese anzünden, ist besondere Vorsicht geboten. Wir binden die Haare zusammen und lassen unsere kleine Schwester nicht mitmachen. Sie wird anderweitig beschäftigt (siehe nächste Seite). Wir „Großen" legen nun die Ausstechförmchen auf Zeitungspapier und tropfen das flüssige Wachs der brennenden, bunten Kerzen in die Förmchen. Die abgekühlten und ausgehärteten Wachsfiguren lösen wir mithilfe von heißem Wasser aus der Metallform. Mit einer heißen Nadel bohren wir in die Mitte ein Loch und schieben den gewachsten Docht von unten durch die Kerze.
Fertig sind viele kleine, bunte Winterlichter!

Kerzen in Törtchenformen

Material
Törtchenformen, Teelichte, Wachsgranulat, Kerzenreste

Anleitung
Beim Törtchengießen kann uns sogar die kleine Schwester helfen. Da diese Formen einen Boden haben, verwenden wir Teelichter für die Füllung. (Flüssiges Teelichtwachs fließt ohne Boden davon!)
Die kleine Carla legt in jede Form ein Teelicht und streut Wachsgranulat um das Teelicht herum. Das ist uns aber nicht genug. Wir verzieren mit unseren Kerzenresten das kleine Winterlicht. Dabei lassen wir bunte Wachstropfen auf das Teelicht und das Granulat tropfen. Carla muss wieder zuschauen, denn die Arbeit mit den brennenden Kerzen ist für Kleine zu gefährlich!

Raureif

Über Nacht hat „Väterchen Frost" Raureif wie Puderzucker auf die Welt gestreut und die Natur in ein Märchen-Wunder-Land verzaubert. Der Raureif hat alles überzogen. Auch die Autoscheiben in unseren Straßen. Unser Schulweg dauert heute besonders lang, denn jedes Auto wird beschrieben.

Der Winter als Zuckerbäcker

Der Winter ist ein schlimmer Mann,
hat immer seine Freude dran,
den andern etwas weiß zu machen;
dann möcht er sich zu Tode lachen.

Oft kommt er stille in der Nacht
und hängt an jedes Reislein sacht
von Gerstenzucker, hell und rein,
ein Stengelchen, bald groß, bald klein.

Und über Berg und Tal und Wald
streut über Nacht er alsobald
den schönsten weißen Zucker aus;
dann schleicht er wieder still nach Haus.

Und wenn der frühe Morgen graut,
das Kindchen durch das Fenster schaut,
da sieht es, was in stiller Nacht
der liebe Winter hat gemacht;

geht fröhlich aus dem warmen Haus
hin auf die weiße Straß hinaus,
will hurtig von dem Zucker lecken.
Wie wird ihm der so herrlich schmecken!

Es streckt den Mund recht tüchtig voll.
O weh! Das ist doch gar zu toll!
Der Zucker schmeckt ihm eisig kalt
und wird zu Wasser alsobald.

Der Winter, dieser böse Mann,
hat aber seine Freude dran,
steht hinterm Busch bei all den Sachen
und will sich fast zu Tode lachen.

Georg Christian Dieffenbach

Süßer Winterwald

Zu Hause spiele ich selber „Väterchen Frost". Die Sache mit dem „Puderzucker" hat mich auf eine Idee gebracht. Ich zaubere mir einen süßen Märchen-Winter-Wald!

Zutaten

Knäckebrot, Cornflakes oder Mandelstifte
flüssige Vollmilchschokolade
Puderzucker
Löffel
Alufolie

Zubereitung

Für die Tannenbäumchen brauche ich Schokoladen-Knusperstückchen. Dazu vermische ich kleine Knäckebrotstückchen mit flüssiger Vollmilchschokolade. Cornflakes oder Mandelstifte eignen sich ebenso gut. Dann mit einem Löffel kleine Häufchen formen und fest werden lassen. Diese mit etwas flüssiger Schokolade aufeinanderkleben. Soll es ganz scnell gehen, gibt es fertige Mandelsplitter beim Konditor.
Und jetzt beginnt der schönste Teil: Ich lasse es schneien, wie „Frau Holle", oder ich bin der Frost und ziehe den Bäumchen einen Mantel aus Raureif an. Durch ein kleines Sieb rieseln leise dicke Wolken aus Puderzucker herab, bis alles mit einem weißen Zauber bedeckt ist.
Fertig ist mein süßer Märchen-Winter-Wald.

Eisblumen sind eine andere Zauberei der Natur. Ich bin begeistert von den farblosen Blumen auf Scheiben und Gläsern. Leider kann ich diese Kristalle aus Eis nicht pflücken oder einsammeln, denn sobald es wärmer wird, sind sie verschwunden. Schade!

Übrigens: Wenn die Natur nicht mitspielt, kann man Eisblumen auch künstlich herstellen. Voraussetzung dafür sind jedoch Minustemperaturen.

Künstliche Eisblumen

Material

400 g Zucker
200 ml Wasser
Pinsel

Anleitung für künstliche Eisblumen

Zucker und Wasser mit einem Löffel zu einem Brei verrühren. Dann die Zuckerlösung mit dem Pinsel auf das Glas aufmalen. Das kann eine Fensterscheibe sein, eine Glasblumenvase oder ein leeres Marmeladenglas. Als Motive eignen sich Blumen, Sterne, Muster oder man malt das Glas einfach flächig an und beobachtet, wie sich die Eisblumen entwickeln. Wenn nun noch die Wintersonne auf das Gemalte strahlt, beginnen die Kristalle im Zucker zu leuchten und zu glitzern. Mit warmen Wasser sind die Kunstwerke schnell wieder weggewischt, wenn nicht die Plustemperaturen dafür sorgen. Besonders hübsch sieht es aus, wenn man in die Glasgefäße ein Teelicht stellt und dieses in der Dämmerung anzündet. Dann leuchten die Kristalle nicht durch die Sonne, sondern durch den warmen Kerzenschein.

Dauerhafte Eisblumen kann ich mir auch aus Papier ausschneiden. Die fertigen Kristalle klebe ich an meine Fensterscheibe.

Eisblumen aus Papier

Material
weißes Papier
Bleistift
Schere

Anleitung für Eisblumen aus Papier

Beliebig große Kreise aus den weißen Papierbögen ausschneiden. Die runden Papiere zweimal in der Mitte falten (a, b) und und dann den Viertelkreis wie bei Abbildung c einschneiden. Das Papier wieder entfalten und fertig ist ein Eiskristall. Einer von vielen. Natürlich gibt es für die Gestaltung der Kristalle viele Möglichkeiten. Das zeigen auch die Fenster unserer Schule. Fantasie kennt keine Grenzen!

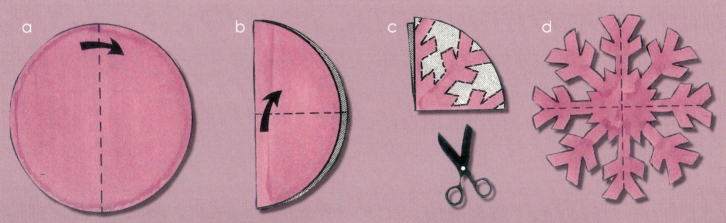

Eislaternen

Material

bruchfeste Schüssel
Olivenzweige, Tannenzapfen, Rosenblätter oder ...
Teelicht

Anleitung für Eislaternen

Für Eislaternen braucht man nicht viel. In eine bruchfeste Schüssel füllt man Wasser und legt ein paar Olivenzweige hinein. Genauso gut kann man Tannenzweige, Zapfen, Orangenscheiben, getrocknete Rosenblätter ... verwenden. Das Wasser wird (bei Minustemperaturen) draußen oder in der Gefriertruhe zu Eis. Dann den gefrorenen Klumpen mit heißem Wasser aus der Schüssel lösen. Eine kleine Mulde in das Eis klopfen und ein Teelicht hineinsetzen. Fertig!

Eistorten

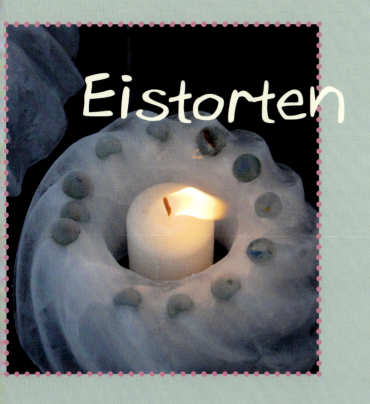

Material

bruchfeste Gugelhupfformen
Glasmurmeln
Kerze

Anleitung für Eistorten

Heute „backe" ich Eistorten. Ich nehme unterschiedlich große Gugelhupfformen, fülle sie mit Wasser und werfe Glasmurmeln hinein. Diese setzen sich dann am Boden ab. Hat es draußen Minustemperaturen, stelle ich die Formen ins Freie. Ist es nicht eisig genug, belege ich eine Schublade in Mamas Gefrierschrank und lasse das Wasser eine Nacht lang gefrieren. Am nächsten Morgen löse ich den Eiskuchen vorsichtig aus der Form (am besten mit heißem Wasser) und suche mir passende Kerzen. Fertig sind meine Eistorten, die sich wundergut als Kerzenständer für die winterliche Außenbeleuchtung eignen.

Endlich

Schnee!

Schneespiele im ersten Schnee

Der erste Schnee lässt wie jedes Jahr unsere Herzen höher schlagen. An diesem Tag geht alles wie am Schnürchen. So schnell kann die Mama gar nicht schauen, und wir haben unsere Schneeanzüge, Schuhe, Handschuhe und Mützen an. Schnell noch die Schlitten aus dem Keller geholt und ab geht's zum Schlittenberg. Ohne Mütze dürfen wir erst gar nicht nach draußen. Aber das ist gut so. Denn abgesehen davon, dass sie uns die Ohren wärmt, kann man sie für eines der lustigen Schneespiele gebrauchen, die wir zusammen ausprobieren werden.

Schneespiel 1

Eine Mütze voll Schnee

Man kann sich mit Schneebällen gegenseitig bewerfen, man kann aber auch Schneebälle mit einer Mütze auffangen. Einer muss die Mütze halten und geht nach jeder Runde einen Schritt zurück. Wer trifft die meisten Bälle rein?
Eine zweite trockene Mütze sollte man aber unbedingt dabeihaben.

Schneespiel 2
Schnee-Maler

Die Kinder werden in zwei Gruppen eingeteilt. Die Gruppe, die dran ist, sucht sich einen Spieler aus, der dann mit einem Zweig einen von der anderen Mannschaft vorgegebenen Begriff in den Schnee zeichnen soll. Die anderen Kinder der Gruppe müssen erraten was gemalt wird. Man hat 30 Sekunden Zeit und jedes richtig erratene Bild gibt einen Punkt.

Schneespiel 3
Schlittenslalom

Für eine Schlittenpartie reicht der kleinste Hügel. Aber man braucht nicht unbedingt einen Hügel. Einen Schlittenslalom kann man besonders gut im Flachland veranstalten. Wir stecken eine Slalomstrecke mit Holzstöcken ab, um die der Schlitten gezogen werden muss. Ein Kind zieht, und eins sitzt auf dem Schlitten. Mit einer Stoppuhr messen wir die Zeit und sind neugierig, welches Paar am schnellsten war.

Schneespiel 4
Achtung, Einsturzgefahr

Mit Schneeschaufeln einen großen Schneeberg bauen. Sind keine Schaufeln da, nimmt man einfach die Hände. Auf die Spitze des Schneebergs einen kleinen Schneemann stellen und der Reihe nach wieder eine Schaufel oder Hand voll Schnee wegnehmen. Der Berg wird also immer schmaler. Wer ihn und den Schneemann zum Einsturz bringt, hat verloren.

Schneespiel 5
Schneeballweitwurf

Es wird einfach eine Linie gezogen von der aus jeder der Mitspieler einen Schneeball wirft. Wer den Schneeball am weitesten werfen kann gewinnt.
Oder:
Man sucht sich einen Gegenstand (z. B. Bäume) macht einige Meter entfernt eine Linie, von der aus man versucht, den Gegenstand zu treffen. Wer am häufigsten trifft, ist der Sieger.

Schneespiel 6
Luftballonkicken

Was macht denn dieser Luftballon im Schnee?
Er will natürlich gespielt werden!
Und wenn ich mich verdribble, falle ich in den weichen Schnee. Das ist ein Riesenspaß!

Schneespielgedicht

Schneeballschlacht

Wie wunderbar – es hat geschneit!
Herrlicher Schnee liegt weit und breit.
Gibt's was, das größ're Freude macht
als eine zünft'ge Schneeballschlacht?
Der Lehrer sieht die nicht so gern:
„Das ist gefährlich!" kann man hör'n.
„Das Werfen müsst ihr unterlassen
im Schulbereich und auf den Straßen,
weil da so viel passieren kann!"
Kaum ist er fort, geht's wieder an:
Der Theo wirft und trifft mit Glück
Hans mit dem Schneeball ins Genick.
Das kann sich Hans nicht bieten lassen;
doch kriegt er Theo nicht zu fassen.
Drum formt auch er in Blitzesschnelle
sich einen großen Vorrat Bälle,
er schleudert sie auf Theodor
und trifft ihn auch genau aufs Ohr.
Doch grad in diesem Augenblick
kommt Klassenlehrer Kraus zurück:
„Hab' ich nicht streng das untersagt?"
Der Hans senkt gleich den Kopf und klagt:
„Herr Lehrer Kraus, Sie müssen wissen:
der Theo hat zuerst geschmissen!"
„Das gibt dir aber nicht das Recht,
gleich selbst zu werfen. Das war schlecht.
Du hättest zu mir kommen sollen;
um Hilfe dir bei mir zu holen."
„Herr Lehrer, Sie? – Ich sag' es offen:
Sie – hätten ihn doch nie getroffen!"

Gerold Christmann

Schöner futtern

Alte Vogelkäfige als Futterstation für den Winter

Um den Käfig gegen Feuchtigkeit zu schützen, deckt man das Dach zuerst mit Folie (Alufolie), dann mit Tannenzweigen ab. Den Boden ebenfalls mit Folie bedecken und mit Moos auspolstern. Danach mit Futterschalen, Meisenknödel oder selbst gemachtem Vogelfutter bestücken und fertig ist ein wundergutes Vogelgasthaus.

Vogelsnack in Katzenform

Zutaten

150 g Rinderfett (Metzger) oder Kokosfett (Supermarkt)
150 g Körnermischung
Katzen-Ausstechform
Kordel oder Bändchen

Zubereitung

Das Fett vorsichtig in einem Topf erwärmen, bis es weich wird (nicht kochen!). Dann die Futtermischung gut unterrühren. Je mehr Körner man in die Mischung gibt, desto lockerer wird sie im erkalteten Zustand.
Mit einem Schuss Speiseöl verhindert man, dass das Fett zu hart wird und bröckelt.

Vögel lieben diese Katzen...

Wir bauen Vogelhäuser

Material

2 Sperrholzplatten,
30 cm x 20 cm, 5 mm dick
Holzleisten, 3 cm breit
Äste oder Rundhölzer ø 1 cm
wasserfester Holzleim
Lineal und Bleistift
Schleifpapier
wasserfeste Farben
wasserfester Lack

Anleitung für die Vogelhäuser

Für den Boden des Futterhäuschens nimmt man eine der beiden Sperrholzplatten und leimt auf alle vier Kanten eine entsprechend lange Holzleiste. Somit entsteht eine kleine Kiste. Aus den Ästen oder Rundhölzern zwei 15 cm und zwei 13 cm lange Stücke absägen. Je ein Ende der vier Aststücke wird schräg angesägt und mit der flachen Seite in die Ecken des Bodens geleimt. Gut antrocknen lassen! Die Schrägen mit Leim bestreichen und die zweite Sperrholzplatte als Dach daraufsetzen. Eventuell mit kleinen Holznägeln stabilisieren. Nun nach Lust und Laune mit wasserfesten Dispersions- oder Acrylfarben bemalen und zum Schluss mit wasserfestem Lack bestreichen.

Zur Abwechslung Lila

Diese Pflanze mit dem wunderhübschen Namen Liebesperlenstrauch trägt bis weit in die kalten Monate hinein lila Beeren. Sie sind ein absoluter Gaumenschmaus für hungrige Piepmätze und ein toller Augenschmaus für graue Wintertage.

Während unsere Brüder und Papas mit Vogelhausbauen beschäftigt sind, sorgen wir für die richtige Ernährung der Vögel. Heute gibt es:

Vogelfutter mit Frucht im Joghurtbecher

Material
Vogelfutter
leere Joghurtbecher
Kokosfett, kleine Zweige mit Früchten

Anleitung für Vogelfutter

Wir füllen das Vogelfutter bis zur Hälfte in leere Joghurtbecher. Mama schmilzt mittlerweile das Kokosfett in einem Topf (es darf dabei nicht zu heiß werden!) und gießt das warme Fett vorsichtig in die vorbereiteten Becher. Diese stellen wir zum Abkühlen nach draußen oder in den Kühlschrank. Inzwischen schneiden wir kleine Zweige vom Zierapfelstrauch ab. Diese stecken wir, sobald das Fett schon etwas fester geworden ist, in die Mitte der Becher. Jetzt warten wir, bis das Vogelfutter vollkommen ausgehärtet ist. Das feste Körnerfett von unten nach oben vorsichtig aus den Bechern schieben und mit hübschen Bändern versehen. Guten Appetit!

Der Schneemann auf der Straße

Der Schneemann auf der Straße
trägt einen weißen Rock,
hat eine rote Nase
und einen dicken Stock.

Er rührt sich nicht vom Flecke,
auch wenn es stürmt und schneit.
Stumm steht er an der Ecke
zur kalten Winterszeit.

Doch tropft es von den Dächern
im ersten Sonnenschein,
da fängt er an zu laufen
und niemand holt ihn ein.

Robert Reinick

Mein Schneemann steht nicht auf der Straße. Mein weißer Mann haftet an meinem Fenster. Ich brauche weder einen Besen, noch einen Hut, noch eine Karotte. Ich brauche nur die selbst gemachten Farben von Seite 14. Wenn wir keine selbst gemachten Fingerfarben mehr im Haus haben, nehme ich die gekauften, von denen immer ein Päckchen in Reserve da ist.

Die echten Schneefrauen und Schneemänner...

... sind im Nu entstanden.

Material

alte, weiße Hemden von Papa
Hüte aller Art
Besen
selbst gemachte Karottennase

Anleitung für Karottennasen

Die inneren Kegel einer Eierschachtel mit oranger Wasserfarbe anpinseln, ausschneiden und mit einem Gummiband versehen.
Fertig sind vier Schneemannsnasen.

Der Schneemann

Seht, da steht er, unser Schneemann!
Das ist ein Geselle!
Stehet fest und unverzaget,
Weicht nicht von der Stelle.

Schaut ihm in die schwarzen Augen!
Wird euch denn nicht bange?
In der linken Hand da hat er
Eine lange Stange.

Einen großen Säbel hält er
Fest in seiner Rechten.
Kommt heran! er wird sich wehren,
Wird mit allen fechten.

Über ihn kann nur der Frühling
Einen Sieg gewinnen:
Blickt ihn der nur an von Ferne,
Wird er gleich zerrinnen.

Aber halt dich tapfer, Schneemann!
Laß dich offenbaren:
Stehst du morgen noch, so wollen
Wir dich schlitten fahren.

August Heinrich Hoffmann von Fallersleben

Schneemann im Glas

Material

Knete in verschiedenen Farben
Glas mit Schraubdeckel
Zahnstocher
1 Korken
wasserfester Kleber
destilliertes Wasser
Spülmittel
Traumkugelschnee (Bastelgeschäft)

Anleitung

Den Schneemann im Glas basteln wir nach der Anleitung für die Schneeköniginnen auf Seite 17.

der Unvollkommene

der Dreckmann

der Lebendige

der Gestempelte

der Gemalte

zwei Fröhliche

Schneemannlatten

die Komischen

der Schöne

Heute gibt es Gemüsesuppe mit Würstchen und alle Kinder helfen mit. Wir gehen zum Einkaufen, denn mit unserem Einkaufszettel ist das kein Problem. Nur beim Zählen hilft uns die nette Verkäuferin.

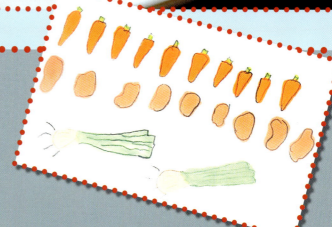

Gemüsesuppe für 8 Kinder

Zutaten

10 Karotten
12 große Kartoffeln
2 Stangen Lauch
Mais und Erbsen nach Belieben
2ℓ Gemüsebrühe
8 Paar Würstchen

Zubereitung

Kartoffeln, Karotten und Lauch waschen, putzen und schälen. Alles klein schneiden, in den Kochtopf geben und mit Gemüsebrühe aufgießen. Die Gemüsestückchen ca. 20 Minuten kochen. Währenddessen die Würstchen in Scheiben schneiden. Mais, Erbsen und Wurststücke in die Suppe geben und nochmals kurze Zeit erwärmen. Mahlzeit!

Nachdem wir das Gemüse geschält, geschnitten und in den großen Topf geschoben haben, kommt das Beste. Mama rückt die Würstchen raus, die wir nun auch klein schneiden. Ab und zu fliegt eins direkt in meinen Mund. Lecker-schmecker!

Mahlzeit, Kinder!

Jetzt beginnt das Warten bis die Suppe fertig ist. Wir vertreiben uns die Zeit mit Witze-Erzählen und Carlotta weiß wie immer einen lustigen Reim

Morgens früh um sechs
kommt die kleine Hex.
Morgens früh um sieben
schabt sie gelbe Rüben.
Morgens früh um acht
wird Kaffee gemacht
Morgens früh um neune
geht sie in die Scheune.

Morgens früh um zehn
holt sie Holz und Spän.
feuert an um elfe,
kocht dann bis um zwölfe.
Fröschebein und Krebs und Fisch:
Hurtig, Kinder, kommt zu Tisch!

Volksgut

Endlich ruft Mama:
„Suppe fertig! Mahlzeit, Kinder!"

Gemüseball

Gestern Abend auf dem Ball
tanzte Herr von Zwiebel
mit Frau von Petersil.
Ach, das war nicht übel.

Die Prinzessin Sellerie
tanzte fein und schicklich
mit dem Prinzen Rosenkohl.
Ach, was war sie glücklich.

Der Baron von Kopfsalat
tanzte leicht und herzlich
mit der Frau von Sauerkraut;
doch die blickte schmerzlich.

Ritter Kürbis, groß und schwer,
trat oft auf die Zehen.
Doch die Gräfin Paprika
ließ ihn einfach stehen.
…

Werner Halle

Wir dürfen in einer Werkstatt malen. Zuerst arbeiten wir mit Pinsel und Vinylfarben. Die sind in großen Plastikflaschen und wir drücken verschiedene Farbkleckse auf den Deckel eines leeren Farbeimers. Viele schöne bunte Farben. Wer Lust hat, darf später noch mit Kreiden malen. Unser Thema ist der Winter –
der wundergute Kinderwinter.

Wenn wir mehr Zeit haben, stellen wir unsere Farben selbst her. Dazu brauchen wir Farb-Pigmente (ungiftige, bunte Erden), Wasser als Lösemittel und ein Farb-Bindemittel, damit sich die Pigmente verbinden und auf dem Untergrund haften. Auch Kreiden können wir selbst herstellen.
Mehr dazu auf den folgenden Seiten.

Selbst gemachte Farben

Leim-Farbe

Material
1 Tl Stärke
150 ml Wasser
Farb-Pigmente

Anleitung für Leim-Farbe

Ein gehäufter Teelöffel Stärke (Weizen,- Mais,- oder Kartoffelstärke) wird in 150 ml kaltes Wasser eingerührt. Das Wasser wird unter Rühren bis zum Aufwallen erhitzt und fertig ist der Farbenleim.
Pigmente zuerst mit ein wenig Wasser zu einem Brei anrühren. Dann mit dem Farbenleim vermischen.
Bei einer Pigmentzugabe von ca. 5% erhält man eine Lasur (durchsichtige Farbe), mehr Beimischung von Pigmenten ergibt eine schöne Deckfarbe.
Diese Leimfarbe hat Lebensmittelqualität und ist daher völlig ungiftig und auswaschbar.
So kann sie auch unbedenklich mit den Fingern vermalt werden.

Quark-Farbe (Kaseinfarbe)

Material
1 El Borax
50 ml Wasser
1 kg Magerquark
Farb-Pigmente
Mixer, leere Joghurtbecher

Anleitung für Quark-Farbe

Ein El Borax (Apotheke, Drogerie) wird in 50 ml heißem Wasser aufgelöst. In ein Rührglas kommt 1 kg Magerquark. Die Boraxlösung wird am besten mit einem Mixer unter den Magerquark gerührt.
20 Minuten stehen lassen und fertig ist der Kaseinleim. Er kann auch sehr gut als Holzleim benutzt werden. Nun die Farbpigmente in Joghurtbechern mit etwas Wasser zu einem Brei anrühren und dann etwas Leim zugeben.

Wichtig
Kaseinfarben sollten stets frisch verarbeitet werden. Sie halten im Kühlschrank höchstens zwei Tage und können kompostiert werden.

Wer oder was hat welche Farbe?

Bunt, bunt, bunt sind alle meine Kreiden,
bunt, bunt, bunt ist alles, was ich hab.
Darum lieb ich, alles was so bunt ist,
weil mein Schatz ein Maler, Buntspecht,
Clown, Blumenstrauß ... ist.

Blau, blau, blau sind alle meine Kreiden ...
weil mein Schatz ein Seemann, Blaumann,
Leberblümchen, Glitzerfischlein ... ist.

Weiß, weiß, weiß sind alle meine Kreiden ...
weil mein Schatz ein Bäcker, Schneemann,
Schneeflöckchen, Gänseblümchen ... ist.

Rot, rot, rot sind alle meine Kreiden ...
weil mein Schatz ein Feuerwehrmann,
Röslein, Erdbeersammler, Marienkäfer ... ist.

Grün, grün, grün sind alle meine Kreiden ...
weil mein Schatz ein Oberförster, Polizist,
Fröschlein, Grashüpfer ... ist.

nach einem Volkslied

Selbst gemachte Zuckerkreiden

Aus staubigen Tafelkreiden werden leuchtende, cremige Malkreiden.

Material
bunte Tafelkreiden
½ l Wasser
700 g Zucker

Anleitung für Zuckerkreiden

Wasser erwärmen und den Zucker einrühren, bis er sich aufgelöst hat. Die Kreiden 2–3 Tage in die Zuckerlösung einlegen. Vor dem Benutzen die Kreiden nochmals mit klarem Wasser abspülen und los geht's mit dem bunten Malvergnügen.

Zeigt her eure Bilder!

Wir sind mächtig stolz auf unsere bunten, leuchtenden Kunstwerke.

Zeigt her eure Hände!

So schön, wie die Kreiden zum Malen sind, so schmutzig sind auch unsere Hände. Daher stellt Mama eine Schüssel mit warmem Zitronenwasser auf den Tisch, in der wir uns gerne und eifrig unsere bunten Hände abwaschen.

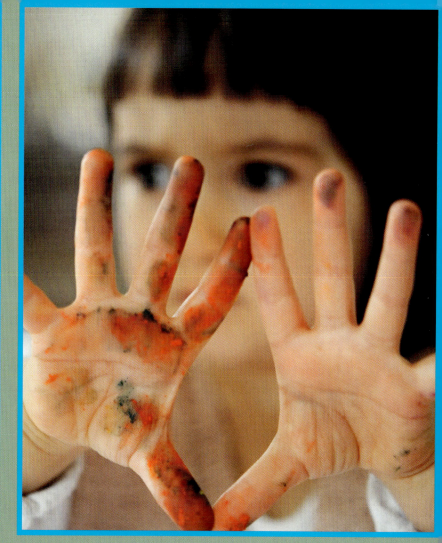

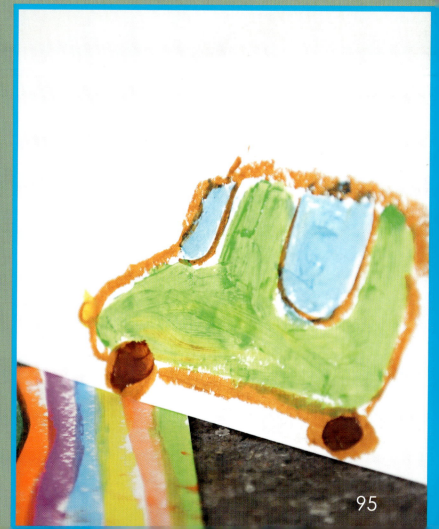

Farbspiele mit selbst gemachten Fingerfarben

Mit Korken und selbst gemachter Fingerfarbe stempeln wir kunterbunte Bilder. Aber nicht nur das! Wir tupfen auch kleine Schwämmchen zuerst in die Farbe und wischen diese dann auf das Papier.
Den größten Spaß macht uns allerdings das „Farbe pusten". Dazu muss die Fingerfarbe mit etwas mehr Wasser angerührt werden. Dann blasen wir die bunten Farbkleckse mit einem Strohhalm über das Papier, dass es nur so spritzt!

Anleitung

für selbst gemachte Fingerfarben auf Seite 14.

So machen wir Tischsets

Wählt man das Tonpapier in der Größe DIN-A3 und bringt die fertigen Kinderwerke nach dem Trocknen zum Laminieren, erhält man lustige Tischsets, über die nicht nur wir uns freuen.

Material für Drucktechnik, Wischtechnik und Pustetechnik
Fingerfarben, buntes Tonpapier, Korken, Schwämmchen, Strohhalm

Die Knopfschachtel

Aus alten Käseschachteln oder Zündholzschachteln basteln wir heute wundergute, kleine Aufbewahrungsboxen für Mamas Knöpfe, Nadeln oder anderen Krimskrams.

Material

Schachteln aller Art, Glanzpapier, Farbe, Knöpfe, rote und schwarze Wolle, Kleber, Glitter

Anleitung Knopfschachtel

Leere Spanschachteln mit weißer Farbe anmalen, die Knöpfe und Bänder nach Belieben anordnen und mit Heißkleber befestigen.

Der Knopfmann

Material
1 Streichholzschachtel, 1 Knopf mit 4 Löchern, 2 Knöpfe mit je 2 Löchern, rote und schwarze Wolle, verschiedene Papiere zum Bekleben der Streichholzschachtel

Anleitung Knopfmann
Die Streichholzschachtel innen und außen mit den Papieren bekleben, die Knöpfe einem Schneemann entsprechend anordnen und mit Heißkleber befestigen.

Geschenktipp

Dieser aufgemotzte Schuhkarton eignet sich wundergut als Geschenkkarton, um einen besonderen Gutschein darin zu verstecken. Beispielsweise:
Einladung zur Kinderdisco am … Oder: Gutschein für einen Fruchtcocktail im … Oder: Gutschein für eine Schnupperstunde in der Kindertanzschule …

Schaukasten oder Disco in der alten Schuhschachtel

Material

leerer Schuhkarton
selbstklebende Hologrammfolien
Goldfolie
Glitzer-Wellpappe
Silberdraht
bunte Glasperlen, kleine Discokugel
Transparentpapier
weißes Papier
Heißklebepistole
Schere, Filzstifte

Anleitung für die Disco in der Schuhschachtel

Zuerst bearbeitet man den Deckel des Schuhkartons. Hierfür schneidet man fast die ganze Deckelfläche weg, lediglich ein 2 cm breiter Rand und die vier Deckelseiten bleiben erhalten. Das große „Loch" beklebt man mit einem weißen Transparentpapier. So kann Licht in den Karton einfallen. Dann die Innenseiten und den Boden des Schuhkartons mit verschiedenfarbiger Hologrammfolie bekleben.
Für die Girlanden zwei bunte Perlenschnüre fädeln und kreuzförmig am oberen Rand des Kartons befestigen. Eine kleine Discokugel an die Schnittstelle der Girlanden binden.
Für die Theke eine ovale Form aus glitzernder Wellpappe formen, auf den Boden kleben und mit Goldfolie abdecken. Zwei aufeinandergeklebte Perlen bilden ein Glas oder eine Flasche. Die Discobesucher zeichnen wir auf weißes Papier auf, malen und schneiden sie aus. Mit einem dünnen Silberdraht binden wir sie an die Perlengirlanden. Zum Schluss ein kleines „Guckloch" in eine kurze Seite des Schuhkartons schneiden, den Deckel aufsetzen und ins Nachtleben hineinschauen.

Die Winterkiste

Material

leere Obstkiste
weiße Farbe und Pinsel
kleine und große Schneemänner
Postkarten und Souveniers aus dem Winterurlaub
Schneekristalle
kleine, weiß bemalte Holzschlitten
eine getöpferte kleine Winterstadt ...
Band zum Aufhängen

Anleitung für die Winterkiste

Eine leere Obstkiste mit weißer Farbe bemalen. Nach dem Trocknen mit den winterlichen Gegenständen bestücken und aufhängen. Entstanden ist ein kleines Möbelstück, in und auf dem viel KrimskramsPlatz findet.

Die kleine Winterstadt ...

... von der Winterkiste entsteht mit einer Modelliermasse, die tonähnlich ist, jedoch an der Luft aushärtet und nicht gebrannt werden muss. Binnen 24 Stunden sind die Häuser und die Kirche hart und können danach mit Acrylfarbe bemalt werden.

Den Glückskasten

haben wir schon auf Seite 11 vorgestellt. Er eignet sich nicht nur für das Neue Jahr sondern auch für alle anderen Gelegenheiten, bei denen man Glück wünschen will (Geburtstag, Prüfung, Umzug ...).

Die Hobbykiste

bietet Platz für viele Erinnerungsstücke, die wir gerne zeigen, weil sie uns so stolz machen!

Der Krachmacher –

ein selbst gebautes Instrument für kleine Musiker

Besonders gerne spiele ich auf den Musikinstrumenten der „Großen". Leider wollen die das überhaupt nicht. Deshalb basteln die Mama und ich heute ein Instrument, das mir allein gehört.
Einen richtig schönen Krachmacher.

Material

1 großer Joghurtbecher mit Deckel
Klebeband, Schere
Bastelleim (Weißleim), Tapetenkleister
weißes, dünnes Papier, Motive aus Papier, Aufkleber ...
Pinsel und Farbe
Maiskörner, getrocknete Bohnen oder Erbsen

Anleitung für den Krachmacher

Den Joghurtbecher mit Rasselmaterial befüllen; den Deckel mit Klebeband befestigen. Etwas Tapetenkleister anrühren und mit Weißleim mischen.

Damit den Joghurtbecher mit einem Borstenpinsel einstreichen, weißes Papier auflegen und mit dem Pinsel glatt streichen. Wenn alle Lagen drauf sind, trocknen lassen.

Papiermotive oder Muster ausschneiden, mit Weißleim aufkleben und trocknen lassen.

Nach Belieben weiße Stellen oder Übergänge mit Wasserfarben ausmalen und wieder trocknen lassen. Fertig ist der Krachmacher.

Der Schepper-Song

Ich schepper meinen Scheppertopf, so gut ich scheppern kann.
Und hört doch wie mein Scheppertopf
verschieden scheppern kann.
Er scheppert leis, er scheppert laut,
er scheppert kurz, er scheppert lang
und wenn ich nicht mehr scheppern mag, dann fängt die Mia (der Peter, …) an.

Melodie wie „Es tanzt ein Bi-Ba-Butzemann"

Selbst gebaute Instrumente für große Musiker

Uns macht es Spaß Instrumente zu bauen, die eigentlich keine Musik machen. Warum?
Weil wir andere Instrumente spielen.
Weil die Eltern nie erlauben, dass man Schlagzeug oder E-Gitarre spielt.
Weil wir so tun wollen, als ob wir zusammen in einer richtigen Band wären. Einer Band mit drei Musikern: einem Schlagzeuger und zwei Gitarristen. Einer Band mit dem coolen Namen
„Silberbliz".
Wenn wir uns treffen, Pappgitarre spielen und auf Kartontrommeln mit Kochlöffeln klopfen, läuft nebenzu die alte Musikbox und macht laute Musik dazu. Da rocken wir richtig ab!

Material
Tennisball
leere Klopapierrolle
altes Kabel
Alufolie
Klebeband

Material
große, runde Schachteln, Silberfolie, durchsichtiges Klebeband, Schere, Notenständer als Halter für die Schachteln

Anleitung für das Mikrofon

Den Tennisball mit Alufolie umwickeln und die überstehende Folie zusammenzwirbeln. Daran ein altes Kabel mit Klebeband befestigen. Nun die Klopapierrolle mit Alufolie umwickeln und das Kabel durchführen. Fertig ist ein Mikrofon! Hat man einen passenden Ständer, kann man das Mikro daraufstecken und sowohl der Gitarrist wie auch der Schlagzeuger kann spielen und singen.

Anleitung für das Schlagzeug

Den Deckel der Schachtel brauchen wir nicht. Zuerst verkleiden wir den runden Boden mit dünner Silberfolie und befestigen die überstehende Folie an der Schachtel mit durchsichtigem Klebeband. Dann ummanteln wir die Schachtel mit silberner Wellpappe, die wir auch mit Klebeband befestigen. Nun über einen hohen Notenständer stülpen und fertig ist ein Teil des selbst gebauten Schlagzeugs.

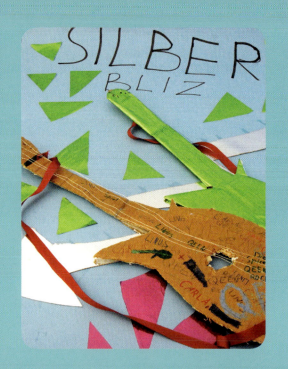

Unser Band-Plakat

Wie jede richtige Band so wollen auch wir ein eigenes Band-Plakat. Auf einen großen Fotokarton schreiben wir unseren Band-Namen „Silberbliz" und kleben einen großen silbernen Blitz in die Mitte. Damit es besonders ins Auge sticht, bekleben wir unser Plakat noch mit vielen dreieckigen Hologrammfolien.

Material

Fotokarton, Filzstift
Silberfolie, Hologrammfolie
Schere, Kleber

Material

alter Karton (z. B. Obstkarton)
Schere
Hologrammfolie oder Stifte
Draht, Band

Anleitung für die Gitarren

Aus einem festen Karton schneiden wir eine E-Gitarren-Form aus. Diese bekleben wir entweder mit Hologrammfolie oder wir bemalen und beschriften den rohen Karton mit Farbe. Für die Gitarrensaiten verwenden wir Basteldraht. Zum Schluss befestigen wir ein Geschenkband als Gurt an der Gitarre.

Wir machen Musik,
da geht euch der Hut hoch!
Wir machen Musik,
da geht euch der Bart ab!
Wir machen Musik,
bis jeder beschwingt singt!

Wir machen Musik,
da geht euch der Knopf auf!
Wir machen Musik,
da bleibt euch die Luft weg!
Wir machen Musik,
bis euch unser Takt packt!
…

nach Ilse Werner

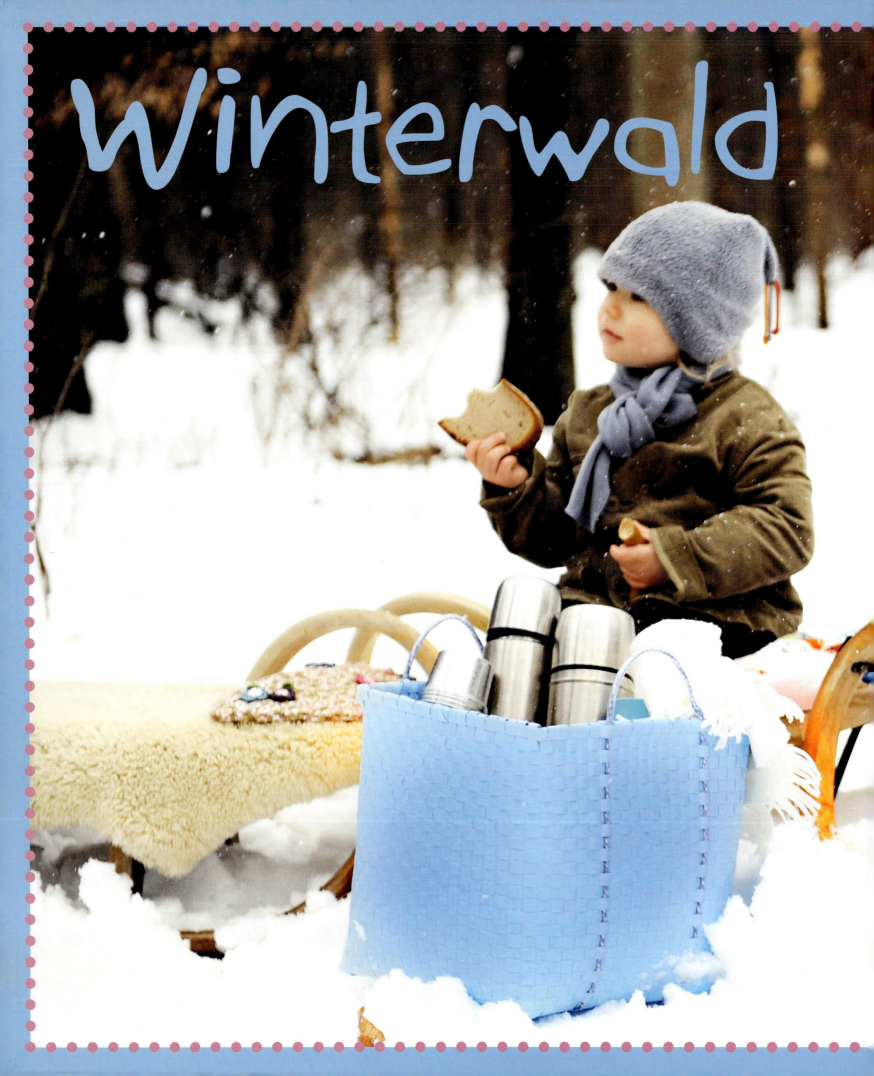

Das nehmen wir mit

Schlitten
Decken und Lammfelle
Körbe für
Becher
1 Thermoskanne Apfelsaft
1 Thermoskanne mit warmem Tee
1 Thermoskanne mit heißem Wasser
Wiener Würstchen
Brotscheiben in der Dose
Vogelfutter

Heute gehen wir in den Winterwald.

Mama, meine Freundinnen und ich. Wir holen die Schlitten und bepacken sie mit Decken und Körben. Die Körbe befüllen wir mit bunten Bechern, einer Thermoskanne mit warmem Tee, einer Dose mit Brot, einer Kanne mit heißen Würstchen und Vogelfutter. Bevor wir den Wald erreichen, haben wir schon Lust auf heißen Tee mit Apfelsaft und machen unsere erste Pause.

Dann geht's hinein in den Wald.
Zum Glück hat Mama nicht nur an uns gedacht, sondern auch an die Piepmätze im Wald, die unter der dichten Schneedecke kein Futter mehr finden können.
Wir haben selbstgemachtes Vogelfutter (Rezept Seite 73) mitgebracht und hängen dieses an die kahlen Winterzweige. Sicher freuen sich die hungrigen Vögel im Winterwald darüber. Zufrieden gehen wir weiter.

Schon nach kurzer Zeit packt uns der Hunger und wir machen die nächste Pause.

Die warme Wurst schmeckt prima und wärmt auch unsere kalten Finger.

Damit die Würstchen warm bleiben, hat sie die Mama in eine Thermoskanne mit heißem Wasser gelegt. Jetzt gießt sie vorsichtig das dampfende Wasser aus der Kanne.

Mama spielt mit uns „Alle Vögel fliegen hoch". Sie sagt zum Beispiel: Alle Luftballons fliegen hoch oder alle Flugzeuge fliegen hoch ... und wir strecken unsere Hände in die Luft. Aber sie sagt auch: Alle Hunde fliegen hoch, dann bleiben die Hände unten. Am meisten gelacht haben wir bei „Alle Würste fliegen hoch."

Die Decken auf den Schlitten sind gemütlich und warm. Zum Glück haben wir genügend dabei.

Und dann packt Mama schon wieder alles zusammen. Immerhin müssen wir den ganzen Weg zurückgehen.
Bestimmt werden sich meine Freundinnen auf dem Schlitten ziehen lassen. Ich bin tapfer und laufe.
Wundergut war es im Winterwald.

Herein-spaziert, herein-spaziert ...

Heute bin ich ein Zirkusdirektor.

Mein Zirkus ist klein, aber ich bin der Direktor von zwei Elefanten, einem Affen und einem kleinen Hasen.

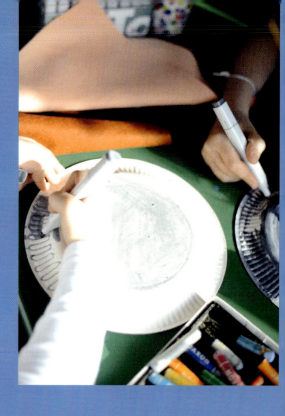

Material

runde Pappteller
Acrylfarben und Filzstifte
Buntpapier
Filz
Kunstfellreste
dünnes Gummiband
Schere
Klebstoff

Anleitung für Papptellermasken

Zuerst werden die Pappteller in der jeweiligen Farbe der Tiere angemalt. Dann schneidet man die Augen aus und gestaltet das Gesicht. Das wichtigste Erkennungsmerkmal bei Tieren sind oft die Ohren. Die schneiden wir aus Filz oder Buntpapier aus und kleben sie an den Teller. Haben wir etwas Kunstfellreste zu Hause, ziehen wir unseren tierischen Freunden noch das Fell über.

Manege frei für die Papptellermasken!

Madame Colette,
die waghalsige Seiltänzerin

Groß ist mein Zirkus nicht. Ich habe ein Pferd, einen Löwen, einen Elefanten und einen Zirkuswagen gebastelt. Ich glaube, es fehlt noch eine Artistin. Ich entscheide mich für die mutige Seiltänzerin **Madame Colette!**

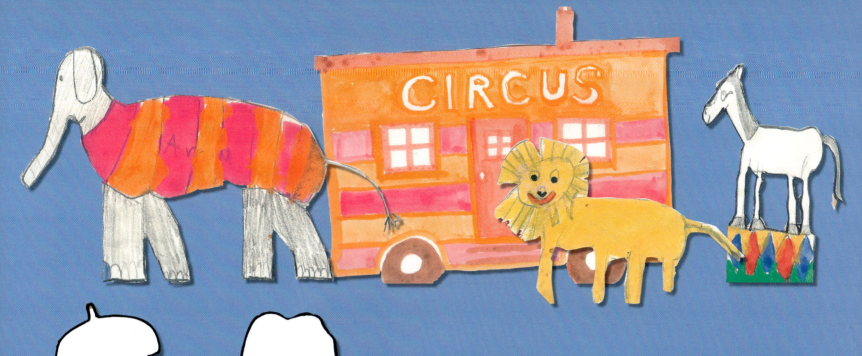

● Löcher für die Schnur
● Löcher für die Muster-
klammern

Basteltipp

Anstatt des gemalten Gesichtes kann man der Pappfigur auch das Foto eines Kindergesichtes aufkleben. So wird Madame Colette ganz schnell zu Madame Paula oder Anna oder Josefa …

Material

Graupappe, Musterklammern
Vorstecher oder Lochzange
Schnur, Deckfarben, Eisschirmchen

Anleitung für Madame Colette

Der Körper und die Glieder werden einzeln auf die Pappe gemalt und ausgeschnitten. Wo die pinken und gelben Punkte eingezeichnet sind, werden mit einem Vorstecher Löcher gebohrt. In die pinken Löcher werden die Schnüre geknüpft. Dann befestigt man in den gelben Löchern die beweglichen Teile mit Musterklammern am festen Körper. Die locker hängenden Schnüre werden zusammengefasst und straff angezogen. Ist die gewünschte Stellung erreicht, werden die Schnüre verknotet.

Leicht warm servieren!

Vickys Schoko-Törtchen

Zutaten

50 g Butter oder Margarine
50 g Zucker
1 großes Ei
85 g Mehl
1 Tl Backpulver
1 El Kakaopulver
50 g Zartbitterschokolade
Puderzucker zum Bestäuben oder
Schokoglasur und Liebesperlen
Granatapfelkerne

Zubereitung der Schoko-Törtchen

Den Backofen auf 190° vorheizen. Butter, Zucker, Ei, Mehl, Backpulver und Kakaopulver mit dem elektrischen Handrührgerät in einer großen Schüssel glatt rühren. Die Hälfte des Teiges in die Mulden des Muffinblechs verteilen. Mit einem Teelöffel in die Mitte jedes Törtchens eine Mulde drücken. Die Schokolade in acht etwa gleich große Stücke teilen und in jede Teigmulde ein Stück legen. Dann mit dem restlichen Teig bedecken. Die Törtchen im vorgeheizten Ofen 20 Minuten backen. 2–3 Minuten abkühlen lassen und mit Puderzucker bestäuben oder mit flüssiger Schokoglasur und bunten Liebesperlen verzieren. Was wäre aber ein Törtchen ohne eine rote Spitze? Meist verwendet man jene Kirschen, die hübsch aussehen, aber nicht schmecken.

Tipp

Granatapfelkerne zum Verzieren nehmen. Die sehen nicht nur zuckersüß aus, sie schmecken auch köstlich.

Meine Geschenkidee

Gerne verschenke ich Selbstgebackenes. Diese Törtchen habe ich in einem alten Christbaumkugelkarton verpackt. Weißes Seidenpapier unter die süßen Stückchen legen und eine hübsche Schleife um den Karton binden. Fertig!
Wer kann da widerstehen?

Taschen aus Tortenspitze

Heute treffen wir uns sofort nach dem Kindergarten zum Handtaschen-Basteln. Denn wie alle Damen können wir nicht genügend Taschen haben. Da wir auch mit Kleber arbeiten, zieht Mama uns die Malerkittel über unsere Kindergartenklamotten. Dann geht's los.

Material

verschiedenste Geschenkpapiere oder Tapeten
fester Karton
kleine Papptütchen
Tortenspitze
Knöpfe, Perlen, Bänder, Schnallen …
Kordeln oder Ketten für die Griffe
Schere, Bleistift, Locher
Pinsel
Vinylkleber (Bastelbedarf)
Heißklebepistole
Malerkittel

Anleitung Teil 1

Zuerst suchen wir uns eine Handtaschenschablone aus. Die hat Mama vorbereitet. Vergrößert man die Schablonen aus dem Buch um das 5-Fache, erhält man bei Tasche 1 eine Orginalgröße von 12,5 cm x 22,5 cm und bei Tasche 2 eine Größe von 20 cm x 25 cm.

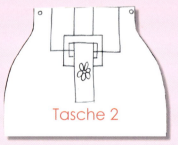

Anleitung Teil 2

Wir legen die ausgesuchte Schablone auf einen festen Karton, fahren den Umriss mit einem Bleistift zweimal nach und schneiden die beiden entstandenen Taschenformen (Taschenvorderseite und Taschenrückseite) aus. Jetzt müssen wir uns für die Papiere entscheiden, die unsere Tasche aufgeklebt bekommen soll.

Welches Papier nehm ich bloß?

Nachdem wir uns entschieden haben, bestreichen wir eine Seite der Handtaschenkartons mit einem ungiftigen Vinylkleber und kleben das Papier darauf. Was über den Rand absteht, schneiden wir weg.

Besonders viel Spaß macht uns natürlich das Dekorieren der Taschen. Dazu liegen viele Dinge auf dem Tisch. Tortenspitzen, Knöpfe, Bänder, Perlen, Kordeln. Die macht jedoch lieber die Mama mit der Heißklebepistole fest. Für die Taschengriffe machen wir jeweils zwei Löcher an die oberen Ecken (am besten mit einem Locher) und „bohren" eine Kordel oder eine schicke Kette durch das Loch. Zum Schluss kleben wir die beiden fertigen Taschenkartons auf eine kleine stabile Papptüte, bei der wir vorher die Griffe abgeschnitten haben.

In diese Taschen kommen morgen die Brotzeiten für den Kindergarten. Die werden staunen!

Taschen für Jungs

Für uns Jungs sind die „dämlichen" Taschen nichts! Wir brauchen etwas Praktisches. Also bekleben wir Mamas feste Papiertüten mit unseren Lieblingsmotiven und verändern die Tragegriffe nach unserem Geschmack.
Tom packt die Autos in die Autotüte und geht zu Tim. Lucas liest seine Comics am liebsten bei Ludwig. Da kann man auch mal Heftchen tauschen.

Material

Papiertüten
Zeichnungen
Comicheft
Kleber
Schnur oder Packband
Holzperlen

Anleitung für die Taschen

Ein passendes Kinderkunstwerk oder gerissene Abschnitte aus einem lustigen Comicheft auf eine stabile Papiertüte kleben. Je nach Bedarf wählt man die Größe der Tüte aus. Besonders individuell wird das gute Stück, wenn die Hänkel ausgewechselt werden. Einige Holzperlen zum Beispiel auf ein Packband auffädeln und an der Tüte befestigen und fertig ist die ganz persönliche Tasche.

Papierbälle aus Tortenspitze

Material

12 weiße Papierspitzendeckchen
(Tortenspitzen, ø 10 oder 15 cm)
weißer Nähfaden
Nähnadel

Anleitung für die Papierbälle

12 runde Tortenspitzen exakt aufeinanderlegen, in der Mitte mit Nadel und Faden zusammennähen und vorsichtig auseinanderfalten. Will man die Schneebälle zum Beispiel an einem Winterzweig aufhängen, näht man eine entsprechend lange Schlaufe an den Papierball.

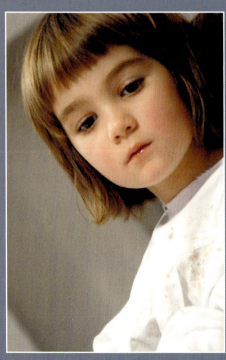

Übrigens

Nimmt man anstelle der weißen Tortenspitze bunte Papierdeckchen in verschiedenen Größen, erhält man eine wundergute, fröhliche Faschingsdekoration (siehe Seite 167).

Rollen spielen

Anton, der Hase

Die Geschichte vom Jäger Wanja

Der alte Wanja nimmt in einer kalten und stürmischen Winternacht nacheinander drei Tiere bei sich in seinem Haus am Waldesrand auf. Zuerst einen Hasen, dann einen Fuchs und schließlich noch einen Bären. Zusammen müssen sie mit dem Jäger ein kleines Zimmer teilen und wissen doch, dass sie eigentlich Feinde sind. Der Fuchs jagt den Hasen in der Natur. Der Bär tötet Füchse, wenn er sie erwischt. Und Wanja würde als Jäger alle drei erschießen. Doch in jener bedrohlichen Schneesturmnacht setzen sie sich in ihrer gemeinsamen Not über das Gesetz der Natur hinweg und schlafen nebeneinander ruhig und sicher in der warmen Hütte.

Als Wanja am nächsten Morgen erwacht, ist er alleine in der Hütte und glaubt, dass er alles nur geträumt hat. Er steht auf, schaut vor die Türe und stellt fest, dass der Schneesturm vorbei ist. Aber er entdeckt noch etwas anderes. Jedes der drei Tiere hat im Schnee seine Fußspuren hinterlassen. Somit ist sich Wanja nun sicher, dass Hase, Fuchs, Bär und Jäger diese Nacht tatsächlich friedlich zusammen verbracht haben.

nach „Es klopft bei Wanja in der Nacht" von Tilde Michels

Dana, der Fuchs

Theodor, der Jäger Wanja

Carla, der Bär

Diese Geschichte vom Jäger und den drei Tieren wollen wir als Rollenspiel nachspielen.
Wir schnappen uns aus der Verkleidungskiste Tücher, Kunstfelle, gebastelte Ohren aus Filz, ... und verteilen die Rollen. Anscheinend hat uns die Geschichte sehr friedlich gestimmt, denn es gibt keinen Streit.

Spuren lesen

So gut wie der Jäger die Spuren der Tiere im Schnee erkennen kann, wollen wir das auch können. Wir finden in einem Buch über Tierspuren und Fährten heraus, wie sich die Pfoten oder Tatzen verschiedener Tiere abdrücken und lesen interesssante Dinge darüber. Fährtensuche in der Natur ist sehr interessant. Welches Tier hat im Schnee seine Spuren hinterlassen? Der Jäger weiß, wenn er eine Spur sieht, von welchem Tier sie stammt. Er kann aus der Fährte auch „lesen", ob es das Tier eilig gehabt hat, ob es verfolgt wurde und wer hinter ihm hergeschlichen ist. Ist da ein Fuchs einer Maus nachgeschlichen und hat er sie erwischt? Das alles können die Spuren im Schnee erzählen.

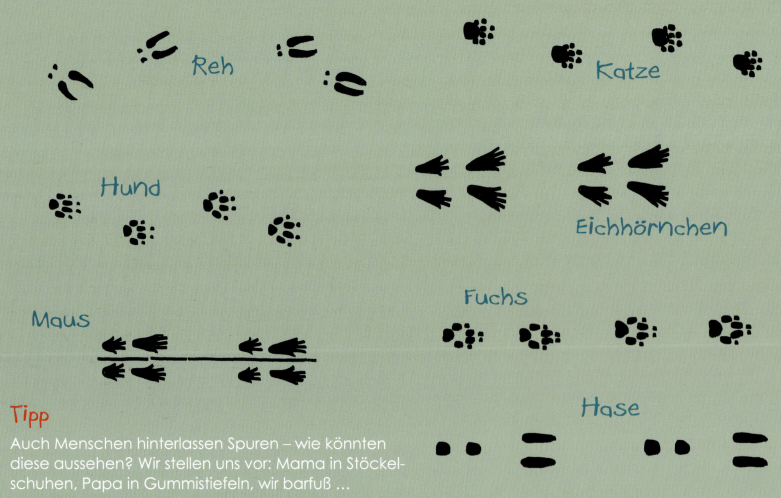

Tipp

Auch Menschen hinterlassen Spuren – wie könnten diese aussehen? Wir stellen uns vor: Mama in Stöckelschuhen, Papa in Gummistiefeln, wir barfuß …

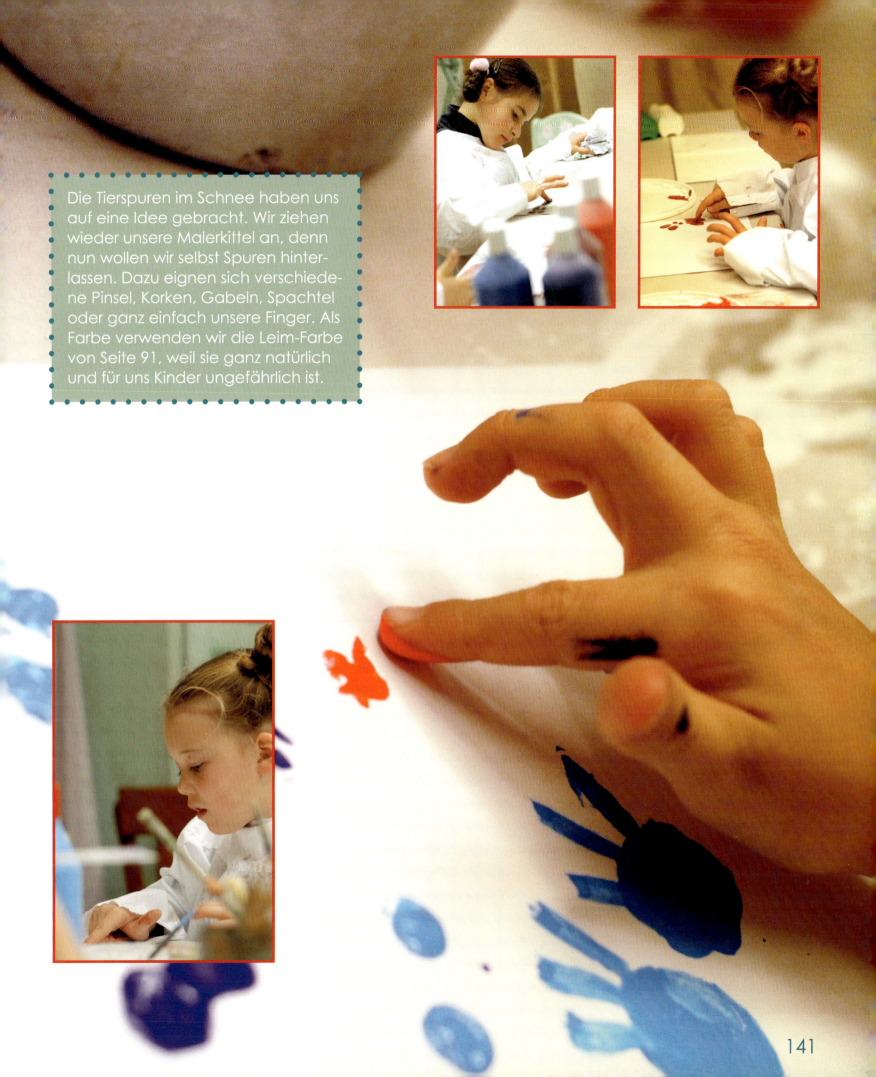

Die Tierspuren im Schnee haben uns auf eine Idee gebracht. Wir ziehen wieder unsere Malerkittel an, denn nun wollen wir selbst Spuren hinterlassen. Dazu eignen sich verschiedene Pinsel, Korken, Gabeln, Spachtel oder ganz einfach unsere Finger. Als Farbe verwenden wir die Leim-Farbe von Seite 91, weil sie ganz natürlich und für uns Kinder ungefährlich ist.

Morgen ist der 14. Februar – Valentinstag!

Wir wollen unseren Freunden, Mamas, Papas, Omas, Opas, Geschwistern, Patentanten ... eine Freude machen. Selbst gemachte Geschenke sind das Größte. Deshalb backen wir kinderleichte Mürbteigherzen, die wir in selbst gebastelte Tüten füllen.
Der Fantasie sind keine Grenzen gesetzt.

Valentinstüten

Material

Geschenkpapiere
Tapetenreste
Servietten
weißes Tonpapier
Leim, Pinsel
Papierspitzen, Krepppapier
Bänder, Quasten, Klebeband

Anleitung für die Valentinstüten

Ist das Geschenkpapier stark genug, kann man es sofort zu einer Spitztüte formen und mit einem Streifen Klebeband zusammenhalten. Hat man dünnes Papier, beklebt man damit zuerst einen weißen DIN-A3-Bogen und rollt das beklebte Papier dann zu einer Tüte. Wieder mit einem Klebestreifen befestigen. Oft gibt es auch wunderhübsche Servietten zu Hause, die sich gut als Oberfläche für die Tüte eignen. Dann formt man zuerst mit einem weißen DIN-A3-Papier eine Tüte, hält sie mit einem Klebestreifen zusammen und klebt die dünnste Serviettenschicht mit Pinsel und Leim auf die weiße Tüte. Nach dem Trocknen kann das Geschenk verziert werden, am oberen Rand mit Papierspitze oder einem gefransten Kreppstreifen oder, oder, oder ...
Wem's gefällt, der kann unten an der Spitze noch eine Quaste befestigen. Genauso gut kann man ein Namensschild für den oder die Glückliche aufkleben ... Und er oder sie wird begeistert sein!

Zum Valentinstag backen wir kinderleichte

Mürbteigherzen

Zubereitung

Zucker, weiche Butter, Mehl und das Ei gut vermischen und zu einer Teigkugel kneten. Den Teig in Pergamentpapier einwickeln und 1 Stunde im Kühlschrank ruhen lassen. Dann suchen wir uns große und kleine Herzformen aus der Ausstecherdose heraus, nehmen den Mürbteig aus dem Kühlschrank und kneten ihn nochmals fest durch. Jetzt rollen wir den Teig mit dem Nudelholz platt, stechen die Teigherzen aus und legen sie auf ein Blech. Mama heizt den Backofen auf 180° an und schiebt das Blech in den Ofen. Es dauert 10 Minuten bis die ersten Valentinsplätzchen fertig sind. Hmmm, wie das duftet! Der größte Spaß kommt zum Schluss, wenn wir die Herzen mit viel Zuckerguss glasieren. Am wichtigsten sind die vielen bunten Liebesperlen.

Zutaten

100 g Zucker
200 g Butter
300 g Mehl
1 Ei

Beim Backen helfen Paul und Nelli.

... aber bevor wir alles verschenken,
müssen wir erst einmal probieren!

Ich habe dich so lieb

Ich habe dich so lieb!
Ich würde dir ohne Bedenken
Eine Kachel aus meinem Ofen
Schenken.

Ich habe dir nichts getan.
Nun ist mir traurig zu Mut.
An den Hängen der Eisenbahn
Leuchtet der Ginster so gut.

Vorbei – verjährt –
Doch nimmer vergessen.
Ich reise.
Alles, was lange währt,
Ist leise.

Die Zeit entstellt
Alle Lebewesen.
Ein Hund bellt.
Er kann nicht lesen.
Er kann nicht schreiben.
Wir können nicht bleiben.

Ich lache.
Die Löcher sind die Hauptsache
An einem Sieb.

Ich habe dich so lieb.

Joachim Ringelnatz

Wer keine Lust oder Zeit zum Backen hat, der kauft hübsche Blümchen (auf unserem Bild Anemonen), stellt einen Plastikbecher in die Tüte und erhält eine lustige Blumenvase. Die hängen wir mit einem Band (vorher mit dem Locher ein kleines Loch in den oberen Rand stanzen) an einen Haken oder Fenstergriff.
Fertig ist die hängende Valentinsvase!

Geschenk für die beste Freundin

Im Perlenladen suche ich mir heute verschiedene Glasperlen aus, um für mich und meine Freundin Armbänder zu fädeln. Die Auswahl ist riesig und ich kann mich nur schwer entscheiden.

Material

Glasperlen
Perlengummi

Anleitung für Perlenarmbänder

Ich kaufe 1 Meter Perlengummi und die unterschiedlichsten Perlen. Die fertigen Armbänder im Laden gefallen mir schon auch sehr gut. So ähnlich sollen meine selbst gemachten auch aussehen. Am Nachmittag fädle ich viele Stunden lang Perlen auf den Perlengummi und bin mit meinen Werken sehr zufrieden. Zwei Armbänder für mich und zwei für meine beste Freundin.
Ein echter Freundschaftsbeweis!

Sophia im Perlenland

Hat man das Glück, solch einen Perlenladen in der Nähe zu haben, sollte man unbedingt in die zauberhafte Farbenwelt der bunten Glasperlen eintauchen.

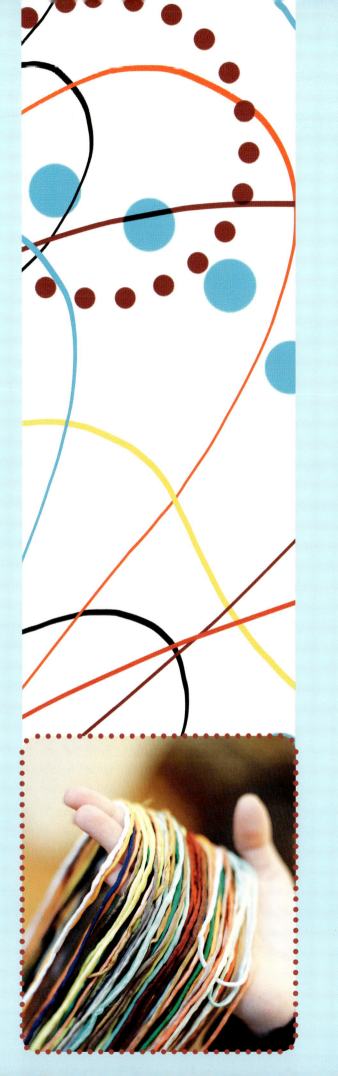

Einzelstückchen

Ein paar Tage später zieht es mich wieder in den Perlen laden. Ich habe die hübschen Einzelperlen nicht vergessen. Jede Perle ist besonders, doch schnell habe ich mein Lieblingsstück gefunden. Daraus möchte ich eine Kette basteln.

Material

1 große Glasperle
4 kleine Zierperlen
Fädelstift, Seidenband
Rundzange

Anleitung

Unter den vielen bunten Seiden- und Lederbändern finde ich das passende für mich: ein hellblaues Seidenband. Auf einen Fädelstift fädle ich meine Lieblingsper le zusammen mit kleinen Zier perlen auf. Als Abschluss forme ich mit einer Rundzange eine kleine Öse und ziehe das Seidenband durch.
Diese Kette gibt es nur einmal!

Kunterbunte Perlenkleiderbügel

Material

Drahtbügel (Reinigung)
viele bunte Plastikperlen
Bügelperlen (Spielzeugladen)
Glasperlen (Perlenladen)
Zange, Silberdraht, Bänder

Anleitung für Perlenkleiderbügel

Die Mama öffnet mir den Bügel mit einer Zange. Nun kann ich die Perlen nach Lust und Laune auffädeln. Bügelperlen mit runden Perlen, nur Bügelperlen, Plastikperlen mit ein paar Glasperlen ... Wichtig ist nur, dass die Perlenlöcher groß genug sind und auf den Drahtbügel gefädelt werden können. Wenn ich fertig bin, biegt mir die Mama den Bügel wieder zusammen. Schleife vielleicht? Fertig!

Basteltipp

Noch schneller geht's, wenn ich schon gefädelte Kettenstücke oder sogar ganze Perlenketten (natürlich nur, wenn die Mama sie nicht mehr braucht) mit einem dünnen Silberdraht am Bügel befestige. So entsteht in Windeseile ein wundergutes Schmuckstück für die Kleiderstange.

Geschenktipp

Dieser schnell gezauberte Kleiderbügel ist ein ideales Geschenk für Freundinnen, Omas oder die Mama. Zum besonders hübschen Geschenk wird er, wenn ich ihm noch ein selbst gebasteltes Papierkleidchen überziehe.

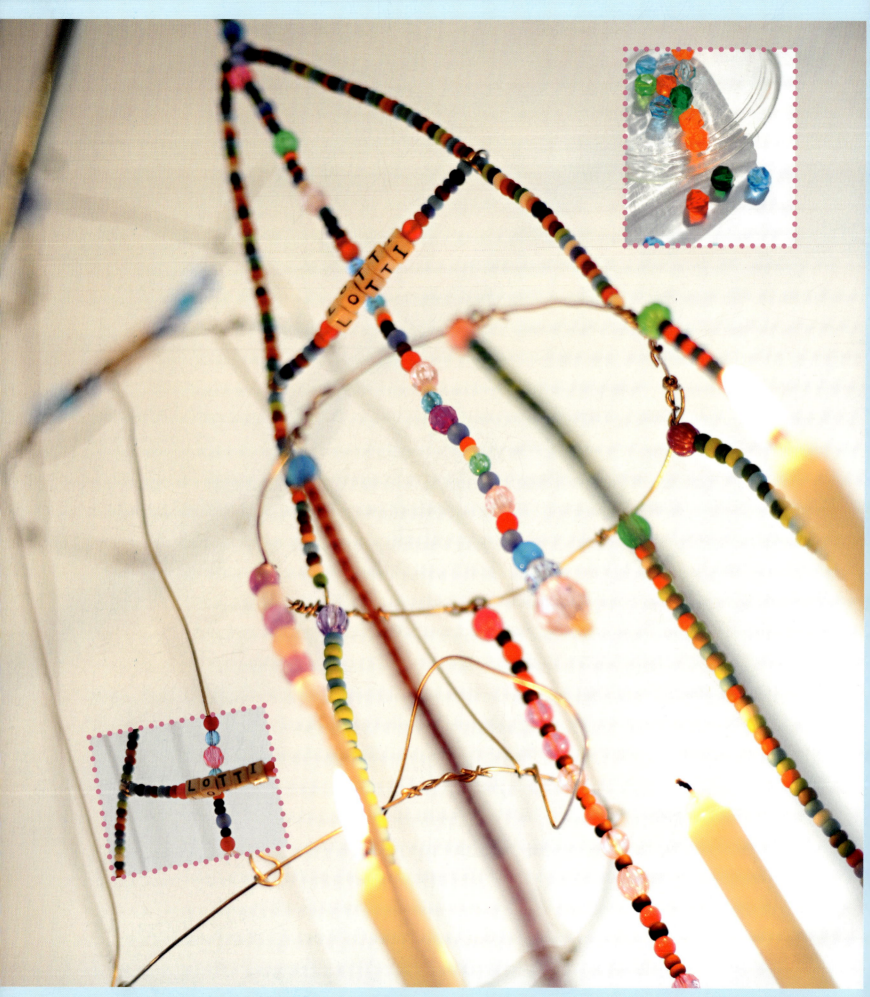

Gebastelter Glasperlenleuchter

Nicht so einfach und schnell entsteht dieser selbst gemachte Leuchter. Beim Formen des Drahtgerüstes braucht man schon die Hilfe von Mama oder Papa. Aber das Auffädeln der Perlen auf die Drahtteile ist für uns Kinder kein Problem.

Material

verzinkter Eisendraht 12mm
Rundzange (Bastelbedarf)
viele bunte Glasperlen, evtl. Buchstabenperlen (Perlenladen)
Christbaumkerzenhalter

Anleitung für den Glasperlenleuchter

Das Formen und Biegen des verzinkten Eisendrahts ist einfacher, wenn man eine Rundzange benutzt. Soll der Leuchter für eine spezielle Person sein, kann man mithilfe von Buchstabenperlen einen Namen zwischen die anderen Glasperlen einfädeln. So wird er zum ganz persönlichen Schmuckstück.

Der obere Kreis hat einen Durchmesser von ca. 12 cm. Daran befestigt man sechs ca. 23 cm lange Drähte, die von unten mit den Perlen bestückt werden. Zusätzlich braucht man zwei ca. 40 cm lange Drahtstücke. Diese liegen sich gegenüber und bilden sowohl die Aufhängung nach oben, als auch zwei weitere senkrechte Drahtstreben für den Lampenschirm nach unten.

Dann einen zweiten Kreis mit 16 cm Durchmesser biegen. Zusätzliche Perlendrähte können von der Mitte herunterhängen oder zwischen den senkrechten Drähten eingezogen werden. Die Enden der acht senkrechten Perlendrähte werden nun an dem zweiten, unteren Drahtkreis befestigt. Hier können die Kerzenhalter aus der Weihnachtsbaumkiste angezwickt werden.

Märchen-stunde

Heute ist der richtige Tag zum Schlittenfahren! Wir verbringen den ganzen Nachmittag am Schlittenberg und kommen erst in der Dämmerung nach Hause. Dort erwartet uns das Märchen von den feurigen Schlitten.

Die feurigen Schlitten

In einem sehr kalten Winter fiel es dem Gesinde eines Gutshofes auf, daß ihr Herr oft ganze Nächte auf Ausfahrten verbrachte. Bei diesen durfte ihn niemand begleiten oder zu Hause empfangen. Selbst das Einspannen der Pferde besorgte er allein und pflegte sie in einem Stall, zu dem nur er allein den Schlüssel besaß. Das kränkte den langjährigen Kutscher Kaarel, und er beschloss, einmal aufzupassen und festzustellen, was das für Pferde waren, die der Herr ihm nicht anvertrauen wollte.

Als der Herr in der nächsten eisigen Nacht wieder in den Stall ging, schlich ihm Kaarel nach und entdeckte durch eine Ritze in der Tür, daß es drinnen so hell war, als wenn viele Lampen brannten. Im Schein dieses Lichts spannte der Herr einen feuerblitzenden Hengst vor einen goldenen Schlitten. Als er mit dem Anschirren fertig war, warf er dem Pferd eine Decke über, so daß der feurige Glanz erlosch. Danach führte er das Gespann auf den Hof hinaus. Kaarel hatte sich hinter dem Türflügel verborgen gehalten und stieg schnell auf die Schlittenkufen, nachdem der Herr sich gesetzt und die Zügel ergriffen hatte. Nach einer Weile, da sie über das schneebedeckte Land gefahren waren und sich genügend weit vom Gutshof entfernt hatten, hielt der Herr an, stieg aus und nahm die Decke vom Pferd. Sofort erglänzte es wieder in feurigem Schein. Dann ging die Fahrt weiter, und zwar so sausend schnell, daß der Wind dem Kaarel um die Ohren pfiff und er Mühe hatte, sich am Schlittenrand festzuhalten.

Auf einmal entdeckte Kaarel, daß sie sich gar nicht mehr auf der Erde befanden, sondern hoch oben am Himmel entlang fuhren. Tief unter ihnen schimmerten die Wolken im Mondlicht wie gefrorene Seen.

Nun kamen von allen Seiten andere goldene Schlitten von Feuerpferden gezogen herbeigefahren und jagten miteinander um die Wette. Das war ein Spaß! Wie bei einer brausenden Hochzeitsfahrt stürmten sie dahin, die Lenker jauchzten und schrien sich anfeuernde Rufe zu, und hundertfach blitzte der Glanz der leuchtenden Gefährte über den Himmel hin ... So ging es mehrere Stunden lang.

Allmählich wurden der Schlitten immer weniger. „Die anderen Nordlichtschlitten sind schon heimgefahren", rief ein Mann aus einem vorbeigleitenden Gefährt dem Gutsherrn zu, „es wird auch für uns Zeit umzukehren!" Da wandte der Herr das Pferd und stürmte in fliegender Fahrt abwärts.

Am nächsten Tag sprachen die Leute in der Gesindestube davon, daß sie noch nie ein so starkes Nordlicht gesehen hätten wie in der vergangenen Nacht.

Kaarel schwieg dazu und erzählte niemandem von seinem Erlebnis. Es ist nämlich nicht gut, von Dingen zu sprechen, die sich oben am Himmel zutragen, ebensowenig wie es erlaubt ist, auf die Gestirne und den Regenbogen mit dem Finger zu weisen – der Finger könnte einem abfaulen. Und vor dem neuen Mond muß man sich tief verbeugen und den Hut ziehen.

Das alles wusste Kaarel und hütete sich, von Vorgängen zu reden, die nicht für seine Augen bestimmt gewesen waren. Erst, als er schon nahe am Sterben war, vertraute er seinen Kindern das Geheimnis an und klärte sie über den wahren Ursprung des feurigen Glanzes auf, der in klaren Winternächten über dem nördlichen Himmel flammt.

Märchen aus Estland

Unsere kleine Märchenbühne

Das Märchen gibt uns Stoff zum Malen und Basteln. Manche nehmen sich kleine Leinwände und malen mit Flüssigfarben ein Märchenbild, andere basteln gemeinsam eine Märchenbühne und lassen dort die feurigen Schlitten losflitzen.

Material

großer Karton
Lichterkette
weißer Zeichenkarton
blaues Tonpapier, Goldfolie
weißes und farbiges Seidenpapier
Leim, Bleistift, Wasserfarben
Nadel und Faden
Klebeband

Anleitung für die Märchenbühne

Zuerst zeichnen wir Pferde und Schlitten. Mit Wasserfarben werden diese Zeichnungen ausgemalt, mit Goldfolie zum Glänzen gebracht und ausgeschnitten. Wer nicht so gerne malt, darf den Pappkarton gestalten.

An der Rückwand des Kartons befestigen wir mit Leim blaues Tonpapier und Goldfolie. Jetzt bohren wir für die Lichterkette entsprechend viele Löcher in die Wand und bestücken diese von hinten mit den Lämpchen. Für den Boden gestalten wir eine einfache Schneelandschaft mit weißem Zeichenpapier und zerknülltem Seidenpapier. Der Pferdestall wird aus Kartonresten geformt, angemalt und in die Ecke geklebt. In der Zwischenzeit machen die anderen aus Pferden und Schlitten ein Pferdegespann.

Mit einer spitzen Nadel werden die Pferde und Schlitten auf einen dünnen Nähfaden gefädelt und von einer Seitenwand zur anderen gespannt. Die Seitenwände werden mit einer Nadel durchstoßen und der Faden wird außen mit Klebeband befestigt. Jetzt kann das nächtliche Pferderennen losgehen. Constantin, unser „Technischer Leiter", möchte den Karton außen noch etwas verschönern. Dazu drapiert er rundherum buntes Seidenpapier. Unser Bühnenbild ist fertig!

Räume verkleiden

Im Fasching sind wir voller Ideen. Nicht nur wir schmücken, schminken oder verkleiden uns, auch unsere 4 Wände sollen jedes Jahr zum Fasching geschmückt werden. Mit Krepppapier und bunten Wattekugeln geht das „Verkleiden der Räume" schnell, einfach und es ist nicht teuer.

Material

Krepppapier oder Kreppbänder
Klebeband, Klopapierrollen, Flüssigfarben, Schnur

Anleitung für Vorhang und Girlande

Krepppapierrollen gibt es in knalligen Farben und unterschiedlichen Breiten. Einzelne Streifen am oberen Türrahmen mit Klebeband befestigen – fertig ist ein Faschingsvorhang. Schön machen sich die bunten Streifen auch am Fenster. Für eine Faschingsgirlande verwenden wir bunt bemalte Klopapierrollen, die wir auf eine Schnur fädeln. Durch jede Rolle ziehen wir beliebig viele bunte Kreppstreifen.

Material

bunte, gepresste Wattekugeln (Bastelbedarf)
Heißklebepistole

Anleitung für fröhliche Fenster

Mit Heißkleber halten die bunten Wattekugeln bombig auf jedem Glas oder Spiegel. Aber bitte nur die Erwachsenen an die Heißklebepistole ranlassen! So werden kalte, kahle Winterfenster in Windeseile zu bunten, fröhlichen Scheiben. Die Deko lässt sich übrigens schnell und problemlos mit einem Ceranschaber von den Glasflächen entfernen.

Anleitung

für Bälle aus Tortenspitze auf Seite 134. Wenn man keine bunten Tortenspitzen findet, kann man auch 12–15 runde und bunte Faltblätter verwenden. An den Rändern der Papiere mit einer Zackenschere entlangschneiden. Dann die Faltblätter aufeinanderlegen und in der Mitte zusammennähen oder tackern.

Material

Eierkarton, rote Farbe, Schere
Gummiband

Anleitung für schnelle Pappnasen

Die unteren Ausbuchtungen eines weißen Eierkartons rot bemalen und nach dem Trocknen ausschneiden. Gummiband befestigen. Fertig!

Material

Buntpapier, Schere, Filzstifte
Plüschkugel

Anleitung für eine Clown-Fliege

Die Form der Fliege aus Buntpapier ausschneiden und bemalen oder bekleben. In die Mitte eine weiche Plüschkugel kleben. Ein dünnes Band hinten an der Clown-Fliege mit Klebeband befestigen und die Fliege damit um den Hals binden.

Material

Pappbecher, Gummiband

Anleitung für den schnellen Hut

Wenn man so lustige Pappbecher hat, braucht man keine anderen Hüte. Einfach ein Gummiband durch zwei Löcher am Becher durchziehen – aufsetzen – Hellau!

Holländische Krapfen

Zutaten

375 g Mehl
25 g Hefe
2 El Zucker
⅛ l lauwarme Milch
½ Tl Salz
3 Eier
1 l Öl zum Frittieren
je 4 El Korinthen, Rosinen,
gehacktes Orangeat
1 El geriebene Schale einer
unbehandelten Zitrone
Puderzucker

Zubereitung

Aus Mehl, Hefe, Zucker und einem Teil der Milch einen Vorteig rühren, mit Mehl bestäuben und zugedeckt gehen lassen, bis das Mehl Risse zeigt. Dann mit Salz, den Eiern und der restlichen Milch zu einem geschmeidigen Teig verkneten. Zugedeckt etwa eine Stunde gehen lassen, bis der Teig sein Volumen verdoppelt hat. Das Öl auf 160° erhitzen. Den Hefeteig mit Korinthen, Rosinen, Orangeat und der geriebenen Zitronenschale vermengen und zu kleinen Kugeln formen. Jeweils 5 Krapfen gleichzeitig von jeder Seite ca. 5 Minuten frittieren.
Die Krapfen auf saugfähigem Papier abtropfen lassen und mit Puderzucker bestreuen. Die nächsten Krapfen erst in das heiße Öl geben, wenn es wieder 160° erreicht hat. Leicht warm schmecken unsere Faschingskrapfen am besten!

Aschermittwoch

Im Schneematsch an der Straße
liegt eine rote Nase.
O Nase, gestern trug dich wer,
da kam er als ein Clown daher,
doch heut geht er
als irgendwer
in sein Büro.

Josef Guggenmos

Gassi gehen

Ein super Kuchen ist der Kalte Hund. Er wird im Kühlschrank „gebacken"!

Kalter Hund und Heiße Schokolade

Zutaten für 8 Personen

180 g Kokosfett
9 El Zucker
3 El Kakao
2 Eier
1 Paket Butterkekse
1 Päck. dunkle Kuvertüre
Liebesperlen zum Verzieren

Zutaten

1 l Milch
1 Vanilleschote
5 Tl Zucker
100 g Zartbitterschokolade
5 El Sahne

Zubereitung Kalter Hund

Kokosfett in einen Topf geben und schmelzen lassen. Den Zucker einrühren, bis er sich auflöst. Dann den Topf vom Herd ziehen. Die Masse auskühlen lassen und jetzt erst Eier und Kakao hinzufügen und verrühren. Eine Kastenform mit Butterbrotpapier ausschlagen und eine Schicht Butterkekse auf den Boden legen. Dann eine dünne Schicht Schokocreme darübergießen und abwechselnd Kekse und Creme schichten, bis alle Zutaten aufgebraucht sind. Den Kuchen einen Tag in den Kühlschrank stellen. Wenn er dann fest ist, aus der Form nehmen, mit Kuvertüre bestreichen und mit Liebesperlen dekorieren.

Zubereitung Heiße Schokolade

Die Milch in einen Topf gießen, die Vanilleschote aufschneiden, das Mark herauskratzen und mit der leeren Schote und dem Zucker in die Milch geben. Dann die Milch unter Rühren zum Kochen bringen, Vanilleschote herausnehmen und die Schokolade in der heißen Milch auflösen.
Zum Schluss die leicht geschlagene Sahne in die Schokolade gießen.
Mmm ...

Wir basteln „Papplumpis"

Material

Wellpappe
Pabprollen (Klopapier, Küchenrolle)
1 Stück Karton
Klebeband
Zeitungspapier
Kleister
Dispersionsfarbe oder Acrylfarbe
Pinsel

Anleitung für „Papplumpis"

Für die Hundebeine vier gleich lange Pappollen mit Klebeband auf einem Karton befestigen.

Aus Wellpappe eine Röhre für den Körper formen.

Den Körper mit zerknülltem Zeitungspapier füllen. Röhre und Karton mit Klebeband zusammenkleben.

Für den Hundekopf an einem Röhrenende einen Ball aus Zeitungspapier befestigen.

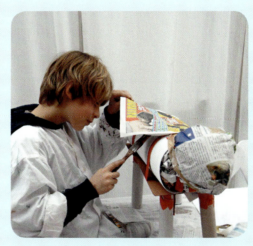

Nun den Hund mit Kleister bestreichen und mit ganz viel Zeitungspapier bekleben.

Mindestens fünf Lagen Zeitungspapier umhüllen den Hundekörper.

Mit bekleisterten Zeitungsstreifen Ohren, Schnauze und Schwanz aus geknülltem Kleisterpapier ankleben.

Die letzten Schönheitskorrekturen!

Mit einem Heizlüfter trocknen die „Papplumpis" schneller.

Wenn die Papplumpis trocken sind, können wir mit dem Bemalen anfangen.

Linus

Mein Hund ist ein „Katze-Lisa-Hund". Weil er meiner toten Katze so ähnlich sieht.

Matthias

Das ist Luca 2. Luca 1 ist mein echter Hund und ein Schäferhund-Husky-Mischling.

Rosa

Ich habe einen Fantasie-Hund gemacht. Eine Mischung aus Zebra und Giraffe.

Carla

Mein Papplumpi soll die Nelli sein. Das ist mein Boxer-Labrador-Mischling.

Ein kleiner Hund mit Namen Fips
erhielt vom Onkel einen Schlips
aus gelb und roter Seide.

Die Tante aber hat, o denkt,
ihm noch ein Glöcklein dran gehängt
zur Aug- und Ohrenweide.

Hei, ward der kleine Hund da stolz.
Das merkt selbst der Kaufmann Scholz
im Hause gegenüber.

Den grüßte Fips sonst mit dem Schwanz;
so ging er jetzt voll Stolze ganz
an seiner Tür vorüber

Christian Morgenstern

Fips, der Korkhund

Material

Korkplatte, Schneidemesser
Bleistift, Kreiden
Band, Glocke

Anleitung für Fips

Dieser kleine Fips wird auf eine Korkplatte aufgezeichnet, mit dem Schneidemesser ausgeschnitten und mit Kreiden angemalt. In diesem Fall wurde er noch mit einer Schleife und einer Glocke ausgestattet, wie der kleine Fips im Gedicht von Christian Morgenstern. Der Korkhund eignet sich wundergut als Pinnwand für viele kleine Zettel, Sticker und Papiere.

Inzwischen ist es März geworden.

Der Schnee ist weg und es regnet ununterbrochen. Die Erwachsenen nennen es Sauwetter und schimpfen mit dem Wetterbericht. Wir finden Sauwetter lustig, ziehen uns wetterfest an und kommen auf die besten Ideen.

Sauwetterspiele oder die Reise nach Matschedonien

Regen fangen

Jeder bekommt einen gleich großen, leeren Becher (z. B. Joghurtbecher) und versucht, mit seinem Becher möglichst viele Regentropfen einzufangen. Schnell entdeckt man, dass es Stellen gibt, wo es besonders stark tropft.
Wessen Becher hat das meiste Regenwasser?

Steinbrücke

Wir legen einen Weg aus dicken Steinen durch eine große Pfütze.
Jeder balanciert von Stein zu Stein und versucht, trockenen Fußes zur anderen Seite zu gelangen.

Im roten Meer

Pfützen mit Lebensmittelfarbe zu färben macht einen Riesenspaß. So können wir uns ein gelbes oder ein blaues oder ein rotes Meer schaffen. Wenn wir dann noch kleine Schiffchen haben, ist es prima.

Wenn es in unseren Gummistiefeln quietscht, dann ist es am schönsten. So wundergut kann Sauwetter sein! Aber auch uns wird es irgendwann zu ungemütlich und wir gehen nach Hause. Dort ziehen wir uns warme, trockene Klamotten an und basteln ein Bild von der Wind- und Wetterhexe, die uns heute Nachmittag so richtig „verwöhnt" hat.

Wind- und Wetterhexe

Material

buntes Transparentpapier
Klarsichtfolie oder
weißes Transparentpapier
Alleskleber oder Kleister

Anleitung für die Wind- und Wetterhexe

Das bunte Transparentpapier in kleine Stückchen reißen. Diese entweder mit Kleister direkt auf die Fensterscheibe oder mit Alleskleber auf Klarsichtfolie bzw. auf weißes Transparentpapier kleben.

Unser Regenschirm soll bunter werden!

Ganz viel Lust auf „Sauwetter", mehr brauchen wir nicht, um einen grauen Regentag in einen bunten, lustigen Wintertag zu verwandeln.

Material

Textilfilzstifte
weißer Baumwollregenschirm (Bastelbedarf)
Bügeleisen

Anleitung für bunte Regenschirme

Der Baumwollregenschirm sollte weiß sein, denn auf dieser Untergrundfarbe kommen die Textilfilzstifte am besten zur Geltung. Man kann auch mehrere Farben übereinander malen, der fantasievollen Gestaltung sind keine Grenzen gesetzt. Ist das Malen beendet, wird die Farbe durch Einbügeln bei Baumwolltemperatur fixiert.

Im Unwetter zu zweit

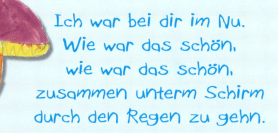

Einmal
– o wie hat's geregnet! –
bin ich einem Schirm begegnet.
Unterm Schirm warst du.

Ich war bei dir im Nu.
Wie war das schön,
wie war das schön,
zusammen unterm Schirm
durch den Regen zu gehn.

Der trommelte uns aufs Dach.
Wir stapften wie durch einen Bach.
Und als die Donner krachten,
rat einer, was wir machten!
Wir sahn uns an
und lachten!

Josef Guggenmos

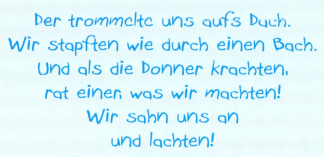

Rezepte

Marzipan	Seite	11
Gefüllte Bratäpfel	Seite	22
„Hot Stock"	Seite	32
Fruchtpunsch	Seite	32
Kinderpunsch	Seite	40
Monsterbrote	Seite	40
Süßer Winterwald	Seite	55
Gemüsesuppe	Seite	82
Schoko-Törtchen	Seite	128
Mürbteigherzen	Seite	146
Holländische Krapfen	Seite	170
Kalter Hund	Seite	175
Heiße Schokolde	Seite	175

Anleitungen

Glücksferkel	Seite	10, 177
Glückskästen	Seite	11
Fingerfarben	Seite	14
Schüttelgläser	Seite	17, 18, 78
Papierkronen	Seite	24
Waldgeister	Seite	30
Papierschlittschuhe	Seite	43
Kerzengläser	Seite	47
Kerzenhalter	Seite	48
Kerzen in Dosen	Seite	48
Formkerzen	Seite	49
Kerzen in Törtchenformen	Seite	51
Künstliche Eisblumen	Seite	56
Eisblumen aus Papier	Seite	57
Eislaternen	Seite	58
Eistorten	Seite	59
Vogelsnack in Katzenform	Seite	68
Vogelhäuser	Seite	70, 71
Vogelfutter im Joghurtbecher	Seite	73
Karottennasen	Seite	77
Leim- und Quarkfarben	Seite	91
Zuckerkreiden	Seite	93
Druck-, Wisch-, Pustetechnik	Seite	97
Knopfschachtel und Knopfmann	Seite	100, 101
Disco in der Schuhschachtel	Seite	103

Winterkiste	Seite 104
Winterstadt	Seite 105
Hobbykiste	Seite 105
Krachmacher	Seite 108
Schlagzeug, Mikrofon und Gitarren	Seite 111, 112
Band-Plakat	Seite 112
Papptellermasken	Seite 122
Hampelpuppe „Madame Colette"	Seite 123
Taschen aus Tortenspitze	Seite 130, 131
Taschen für Jungs	Seite 133
Papierbälle aus Tortenspitze	Seite 134, 167
Spuren lesen	Seite 140
Valentinstüten	Seite 145
Valentinsvase	Seite 149, 145
Perlenarmbänder	Seite 152
Perlenkette	Seite 153
Perlenkleiderbügel	Seite 155
Glasperlenleuchter	Seite 157
Märchenbühne	Seite 162, 163
Faschingsdekoration	Seite 166, 167
Pappnasen, Clown-Fliege und Hut	Seite 169
„Papplumpis"	Seite 177
Korkhund Fips	Seite 179
Wind- und Wetterhexe	Seite 183
Regenschirm	Seite 184

Spiele

Eislaufspiele
Becherwettlauf	Seite 38
Haie und Fische	Seite 38
Eistanz	Seite 38

Sauwetterspiele
Regen fangen	Seite 182
Steinbrücke	Seite 182
Im roten Meer	Seite 182

Schneespiele
Eine Mütze voll Schnee	Seite 62
Schnee-Maler	Seite 63
Schlittenslalom	Seite 63
Achtung, Einsturzgefahr!	Seite 64
Schneeballweitwurf	Seite 64
Luftballonkicken	Seite 64

Gedichte, Geschichten, Lieder

Schneeflöckchen, *Hedwig Haberkern*	Seite 14
Frau Holle, *Josef Guggenmos*	Seite 18
Der Bratapfel, *Volksgut*	Seite 22
Das Weihnachtsbäumlein, *Christian Morgenstern*	Seite 31
Wenn's Winter wird, *Christian Morgenstern*	Seite 36
Die Enten laufen Schlittschuh, *Christian Morgenstern*	Seite 37
Grauer Wintertag, *Herrmann Hesse*	Seite 46
Der Winter als Zuckerbäcker, *Georg Christian Dieffenbach*	Seite 54
Schneeballschlacht, *Gerold Christmann*	Seite 65
Der Schneemann auf der Straße, *Robert Reinick*	Seite 76
Der Schneemann, *August Heinrich Hoffmann v. Fallersleben*	Seite 78
Morgens früh um sechs, *Volksgut*	Seite 84
Gemüseball, *Werner Halle*	Seite 85
Wer oder was hat welche Farbe?, *nach einem Volkslied*	Seite 92
Der Schepper-Song, *Ruth Ritz*	Seite 109
Wir machen Musik, *nach Ilse Werner*	Seite 113
Zusammenfassung von „Es klopft bei Wanja in der Nacht", *nach Tilde Michels*	Seite 138
Ich habe dich so lieb, *Joachim Ringelnatz*	Seite 148
Die feurigen Schlitten, *Märchen aus Estland*	Seite 161
Aschermittwoch, *Josef Guggenmos*	Seite 170
Ein kleiner Hund mit Namen Fips, *Christian Morgenstern*	Seite 179
Einmal – o wie hat's geregnet!, *Josef Guggenmos*	Seite 184
Herr Winter geh hinter, *Christian Morgenstern*	Seite 188

Tschau!

Idee und Text: Ruth Ritz, Marion Leinfelder
Fotos: Barbara Gandenheimer
Layout: Ruth Ritz

Bibliografische Information der Deutschen Nationalbibliothek
Die Deutsche Nationalbibliothek verzeichnet diese Publikation in der Deutschen Nationalbibliografie; detaillierte bibliografische Daten sind im Internet über http://dnb.d-nb.de abrufbar.

© Wißner-Verlag, Augsburg 2009
www.wissner.com

ISBN 978-3-89639-714-0

Projektleitung und Redaktion: Andrea Müller, Wißner-Verlag
Druck: Stürtz GmbH, Würzburg

Das Werk und seine Teile sind urheberrechtlich geschützt. Jede Verwertung in anderen als den gesetzlich zugelassenen Fällen bedarf deshalb der vorherigen schriftlichen Einwilligung des Verlages.

Wir danken für die freundliche Abdruckgenehmigung der Gedichte
„Frau Holle", „Aschermittwoch" und „Einmal – o wie hat's geregnet!" aus: Josef Guggenmos, Oh, Verzeihung sagte die Ameise, © 1990 Beltz & Gelberg in der Verlagsgruppe Beltz, Weinheim & Basel
„Schneeballschlacht" aus: Gerold Christmann, Vergnügt durchs Schuljahr, © 2002 Books on Demand GmbH, Norderstedt
„Grauer Wintertag" aus: Hermann Hesse, Sämtliche Werke, Band 10, © 2002 Suhrkamp Verlag, Frankfurt am Main
„Gemüseball" aus: Werner Halle, Bilder und Geschichten für Kinder, © 1971 Westermann, Braunschweig, vergriffen
„Die Geschichte vom Jäger Wanja" nach: Tilde Michels, Es klopft bei Wanja in der Nacht, © Verlag Heinrich Ellermann, Hamburg
„WIR MACHEN MUSIK" Musik: Adolf Steimel/Peter Igelhoff, Text: Helmut Käutener/Aldo von Pinelli, © 1942 bei Wiener Boheme Verlag GmbH, © 2008 assigned to Universal/MCA Music Publishing GmbH, Berlin